Élisabeth Badinter
Messieurs, encore un effort...
Flammarion / Plon
2024

Элізабэт Бадэнтэр

Панове, паднапружцеся!

Пераклад з французскай
Уладзіслава Гарбацкага

Élisabeth Badinter,
Panovie, padnapružciesia!

Skaryna Press
skarynapress.com

Пераклад з францускай
Уладзіслава Гарбацкага
паводле:
Élisabeth Badinter,
Messieurs, encore un effort...
Flammarion/ Plon, 2024

Кніга выйшла пры падтрымцы Цэнтру гендэрных дасьледаваньняў ЭГУ, Вільня

Адказны рэдактар
Ігар Іваноў
Рэдактарка
Юля Цыбульская
Дызайнэр
Сяргей Шабохін

ISBN 978-1-915601-65-0

© Flammarion, 2024
© Plon, 2024
© Уладзіслаў Гарбацкі, пераклад, пасьляслоўе, 2025
© Skaryna Press, 2025

Прысьвячаю Мішлін

Уступ

УСТУП

З канца XX стагодзьдзя вялікая колькасьць жанчынаў у індустрыйных краінах пачала дыстанцыявацца ад мацярынства. Яны парвалі сувязь паміж жанчынай і маці — дзьвюма ролямі, якія блыталіся разам тысячагодзьдзямі. Гэтаму была прысьвечаная мая папярэдняя кніга *Le Conflit, la femme et la mère* („Канфлікт: жанчына і маці")[1]. У той час у Францыі яшчэ мала гаварылі пра *чайлдфры*, то бок, добраахвотную бязьдзетнасьць, і *чайлдлес* — вымушаную бязьдзетнасьць, хоць у Нямеччыне на фоне зьніжэньня нараджальнасьці тэма стала цэнтральнай у публічных дэбатах. Пытаньня аб нараджальнасьці ў Эўропе збольшага не стаяла яшчэ ў позьве дня.

Большасьць дэмографаў, прызвычаеных да цыклічных павышэньняў і паніжэньняў індэксу плоднасьці[2], не разглядалі гэтае зьявы як трывожнай анамаліі, асабліва ў Францыі, дзе гэты індэкс заставаўся высокім і мала калываўся.

Але з 2010-х і дагэтуль амаль усюды ў багатых краінах колькасьць дзяцей на адну жанчыну мае тэндэнцыю да нязьменнага зьніжэньня. Гэтая працяглая тэндэнцыя ўсё больш турбуе сьвет эканомікі і палітыкі. У некаторых краінах сьмяротнасьць перавышае нараджальнасьць, і ўрады баяцца застацца без працоўных рук, апынуцца няздольнымі забясьпечыць аплату пэнсіяў, пераемнасьць

[1] Elisabeth Badinter, *Le Conflit, la femme et la mère*. Flammarion, 2010; Le Livre de Poche, 2011.

[2] Індэкс плоднасьці альбо фэртыльнасьці — гэта колькасьць дзяцей на адну жанчыну. Ня блытаць з нараджальнасьцю, якая азначае колькасьць дзяцей на тысячу жыхароў.

пакаленьняў і, у доўгатэрміновай пэрспэктыве — уласнае выжываньне.

Сёньня большасьць людзей у сьвеце больш праймаюцца неадкладнымі мерамі, чым разглядам глыбінных прычынаў. Вядома, калі гаворка пра крызіс нараджальнасьці, узгадваюцца эканамічная няўпэўненасьць, страх перад будучыняй ці позьняе нараджэньне першага дзіцяці, а глыбокая эвалюцыя мэнталітэту, нашых каштоўнасьцяў і прыярытэтаў ігнаруецца. І асабліва ігнаруецца цяжар сучаснага мацярынства, які пераважна кладзецца на плечы жанчынаў. У адрозьненьне ад псыхолягаў, сацыёлягаў і дэмографаў, эканамісты і палітыкі гэтаму збольшага не надаюць увагі.

Першае выйсьце, якое прапануюць эканамісты — іміграцыя, здольная хутка папоўніць недахоп працоўных рук у пэўных сэктарах. Іміграцыя, аднак, павялічвае рызыку правалу інтэграцыі і ўзмацненьня ультракансэрватыўных урадаў, што мы бачым сёньня ў Эўропе. А ультракансэрватыўныя ўрады — як мы ўжо ведаем, — менш прывязаныя да правоў жанчыны, чым лібэральныя дэмакратыі. Але яны вельмі стараюцца пераканаць пары і, асабліва, будучых маці, і абяцаюць ім да ўсяго фінансавую дапамогу.

Жанчынам, якім належыць найвышэйшая ўлада над уласнай рэпрадукцыяй, варта быць пільнымі, каб некаторыя дзяржавы ня сталі прымушаць іх аплачваць рахункаў за зьніжэньне нараджальнасьці, у прыватнасьці — на падставе рэлігійных прынцыпаў. Калі ўрады ня здолеюць пераканаць жанчынаў рознымі фінансавымі дапамогамі, яны могуць вырашыць абмежаваць правы, нават забараніць добраахвотнае перапыненьне цяжарнасьці або карыстаньне кантрацэптывамі. Калі падзеньне нараджальнасьці будзе працягвацца ў тым жа тэмпе, гэтае дапушчэньне, што здаецца неверагодным сёньня, можа спраўдзіцца праз пятнаццаць гадоў. І тым больш, калі ўмяшаецца рэлігія…

Але гэта ня выйсьце. Для становішча жанчынаў такое разьвіцьцё стала б ня толькі шакавальным вяртаньнем у мінулае, але яно было б і неэфэктыўным, як гэта можна цяпер назіраць у некаторых краінах Эўропы і Азіі. Ня варта марыць аб нараджальнасьці па-старому. Да ўсяго, так цяпер лепей для нашай плянэты. Але мы не павінны, аднак, мінімізаваць канфлікт паміж дзьвюма легітымнасьцямі: правамі жанчыны з аднаго боку і абавязкамі дзяржавы — з другога. Выйсьце, на мой погляд, у тым, каб як мага хутчэй пазбавіцца трывалай няроўнасьці палоў унутры сям'і, што ляжыць у аснове ўсіх іншых няроўнасьцяў.

Але для гэтага трэба не памыліцца з суразмоўцам.

Стан рэчаў

Разьдзел 1

СТАН РЭЧАЎ

3 Eurostat, 10 janvier 2023. *Population & Sociétés*, 603, septembre 2022.

4 Тамсама.

Лічбы і статыстыка

У краінах Эўразьвязу сярэдняя колькасьць дзяцей на адну жанчыну ў 2010 годзе склала 1,54. Дванаццаць гадоў пазьней — толькі 1,50[3]. Нараджальнасьць — дзевяць дзяцей на тысячу жыхароў, у той час як сьмяротнасьць — трынаццаць. Паўднёвыя краіны — Гішпанія, Італія, Партугалія, — пацярпелі найбольш, а паўночныя краіны — менш. Факт застаецца фактам: у Эўропе скарачаецца насельніцтва. Каб яго колькасьць заставалася стабільнай, неабходна, каб каэфіцыент абнаўленьня пакаленьняў складаў 2,01 дзіцяці на адну жанчыну. Але цяпер зь сярэднім паказьнікам 1,50 мы далёка ад гэтай лічбы. Калі нічога ня зьменіцца, эўрапейскае насельніцтва ў 2050 годзе зьнізіцца з 744 мільёнаў сёньня да 703 мільёнаў[4].

У Паўночнай Амэрыцы сытуацыя крыху лепшая, але ЗША адрозьніваецца ад Канады. Дэмаграфія першых у тупіку: амэрыканцы маюць менш немаўлятаў, а „паміж 2011 і 2017 гадамі насельніцтва павялічылася толькі на два мільёны чалавек у год і толькі на 1,1 мільёны ў 2020 годзе", — падкрэсьлівае *Courrier*

5 *Courrier international*, le 4 avril 2022.

6 У Злучаных Штатах цяпер амаль 340 мільёнаў жыхароў, а ў 2050 г. чакаецца 375 мільёнаў чалавек. Гл. populationtoday.com/US-United States.

7 Паводле *Le Quotidien* ад 1 ліпеня 2023 году, у Канадзе больш за 40 мільёнаў жыхароў і дасягне 46 мільёнаў у 2050 годзе, але індэкс нараджальнасьці складае толькі 1,5 дзіцяці на жанчыну. Гл. Eurostat, 10 janvier 2023. *Population & Sociétés*, 603, septembre 2022.

8 Tomas Sobotka, *Un tiers des femmes d'Asie de l'Est resteront sans enfant*. Population & Sociétés, 595, décembre 2021.

9 Eurostat, вынятка ад 10 студзеня 2023.

10 Ined, *Taux de natalité, mortalité, solde naturel*, абноўлены ў чэрвені 2023.

international [5]. Як і ўсюль, да гэтага спрычыніўся кавід, а таксама крах іміграцыі, які адбыўся пасьля выбараў Трампа ў 2016 годзе [6]. У той жа час канадзкае насельніцтва перажывае новы дэмаграфічны рост дзякуючы іміграцыі, а не нараджальнасьці [7]. У абедзьвюх гэтых краінах насельніцтва павялічваецца яшчэ і таму, што на сёньня іхная нараджальнасьць перавышае сьмяротнасьць.

Нараджальнасьць у індустрыйных краінах Азіі застаецца нашмат больш трывожлівай. Па прагнозах „траціна жанчынаў Усходняй Азіі застанецца бязьдзетнымі" [8]. У лізе няплоднасьці рэй вядзе Паўднёвая Карэя з 0,9 дзіцяці на жанчыну, за ёй ідзе Японія з 1,3. А рэкорд няплоднасьці ў Азіі трымае Ганконг: 35 % кабетаў, якія нарадзіліся ў 1972 годзе, застаюцца без дзіцяці.

Францыя — выключэньне ў Эўропе

З 1946 году Францыя зьяўляецца краінай з высокай фэртыльнасьцю. Колькасьць дзяцей, якія нараджаюцца штогод з 2010 году, вагаецца паміж крыху больш за 700 тысячаў і крыху больш за 800 тысячаў. Як паказана ў табліцы, апошнія дванаццаць гадоў [9] агульны балянс заўсёды заставаўся пазытыўным. У 2022 годзе нараджальнасьць усё яшчэ пераважала сьмяротнасьць [10]. Але каэфіцыент безупынна зьніжаецца і розьніца паміж нараджальнасьцю і сьмяротнасьцю ў выніку зьмянілася з +4,2 у 2010 годзе да +0,5 — у 2022-м. Гэта сьведчыць аб тым, што мы можам зусім хутка дасягнуць сярэдняга нэгатыўнага ўзроўню ў Эўропе. Ва ўсіх пацярпелых у 2020 годзе ад кавіду краінах назіраецца рэзкае зьніжэньне нараджальнасьці, і — варта на гэта зьвярнуць увагу — рэальнага вяртаньня да дакавіднай дэмаграфічнай дынамікі так і не адбылося. Наадварот, мы дасягнулі самай нізкай колькасьці нараджэньняў з часоў Другой сусьветнай вайны.

Чакаецца, што насельніцтва мэтрапольнай Францыі зь цяперашніх 64,6 мільёнаў вырасьце да 66 мільёнаў у 2050 годзе [11]. Прагнозы ААН адносна Францыі зь ейнымі заморскімі дэпартамэнтамі і тэрыторыямі на 2100 год ня вельмі аптымістычныя: калі ў 2023 годзе мы мелі 68 мільёнаў жыхароў, то ў канцы стагодзьдзя іх колькасьць складзе не нашмат больш — 74 мільёны [12]. То бок, вырасьце на шэсьць мільёнаў на працягу 77 гадоў, у той час як за такі ж пэрыяд з 1950 па 2023 гады францускае насельніцтва павялічылася на 26 мільёнаў. Францыя ня зьведае лёсу Італіі ці Гішпаніі [13], але з такой дынамікай яна больш ня атрымае хуткага абнаўленьня пакаленьняў. Апошняя справаздача Insee кажа пра 678 тысячаў немаўлятаў, народжаных у 2023 годзе — на 6,6 % менш, чым у 2022 годзе, і амаль на 20 % менш, чым у 2010 годзе*. Каэфіцыент

[11] *Population & Sociétés*, 603.

[12] ONU, *Révision 2022 des perspectives de la population mondiale*, population.un.org.

[13] Гэтыя дзьве міжземнаморскія краіны згубяць частку насельніцтва да 2050 г. Італія — 7 мільёнаў насельніцтва (з 59 да 52 млн.), а Гішпанія зьменшыцца з 47,6 да 44 мільёнаў. Гл. *Population & Sociétés*, 603.

* Insee, l'Institut national de la statistique et des études économiques (Нацыянальны інстытут статыстыкі і эканамічных дасьледаваньняў Францыі).

Стан рэчаў

14 Rapport annuel démographique de l'Insee publié le 16 janvier 2024 (Гадавая дэмаграфічная справаздача Insee, 16 студзеня 2024).

нараджальнасьці ў 2023 годзе склаў 1,68 на жанчыну, у 2022-м ён быў 1,79 [14].

Адкуль жа ў разьвітых краінах узялося такое зьніжэньне нараджальнасьці, якое цяпер пагражае стаць структурным? І што гэта азначае? Тут варта зьвярнуць увагу: у нашым сьвеце няўпэўненасьці і выклікаў, якія патрабуюць пільнага вырашэньня, праблема зьніжэньня нараджальнасьці — гэтак жа як і экалягічны крызіс, які таксама нэгатыўна адбіваецца на ўзроўні нараджальнасьці, — збольшага застаецца па-за ўвагай СМІ. Гэта адбываецца таму, што сацыяльныя, эканамічныя і геапалітычныя наступствы адмовы жанчынаў ад мацярынства гіганцкія і на дадзены момант амаль ня ўлічаныя. Як фэміністка, я непакоюся: калі становішча маці больш не такое зайздроснае, дык гэта азначае, што барацьба за роўнасьць палоў не завершаная.

Структурнае зьніжэньне нараджальнасьці ў індустрыйных краінах можа мець сур'ёзныя наступствы для эканомікі і стаць пагрозай для нашай сацыяльнай мадэлі.

Раздзел 2

ШТО КАЖА ДЭМАГРАФІЯ

Азірнемся:
прагрэс становішча жанчыны

Каб зразумець цяперашнюю тэндэнцыю да зьніжэньня нараджальнасьці, мы павінны вярнуцца на імгненьне ў 1970-я гады. Фэмінізм XX стагодзьдзя быў першым рухавіком беспрэцэдэнтнай рэвалюцыі, мэтай якой была ліквідавацыя патрыярхальнага грамадства і дасягненьне гендэрнай роўнасьці. Першыя крокі зрабілі дзьве жанчыны: Сымона дэ Бавуар, якая выдала „Другі пол" (*Le Deuxième Sexe*, 1949) і абараняла права жанчыны стаць гаспадыняй свайго лёсу і роўняй мужчыну. Мімаходам яна разьвівае іканаборчую ідэю пра тое, што жанчыну нельга зьвесьці толькі да маці. У Злучаных Штатах Бэці Фрыдан у „Містыцы жаноцкасьці" (*The Féminine Mystique*, 1963) ставіць пад сумнеў жаданьне амэрыканскіх жанчынаў стаць хатнімі гаспадынямі замест таго, каб працягнуць сваю кар'еру. Гэтых дзьвюх аўтарак прачыталі мільёны жанчынаў па ўсім сьвеце. Многіх прывабіла пэрспэктыва новых гарызонтаў, і ў апошняй трэці XX стагодзьдзя мы ўжо бачым, як дзяўчаты рашучым крокам рухаюцца да гендэрнай роўнасьці.

Шлях, які ім трэба спачатку прайсьці, мае на ўвазе больш працяглую вучобу, каб атрымаць лепшы доступ да рынку працы. Калі дзяўчаты заканчваюць школу, у іх усё атрымліваецца лепш, чым у хлопцаў. У 2021 годзе 88 % дзяўчатаў у Францыі мелі атэстат аб сярэдняй адукацыі у параўнаньні з 78 % хлопцаў. Яны часьцей заканчвалі ўнівэрсытэт з дыплёмам аб вышэйшай адукацыі: 55 % жанчынаў і 45 % — мужчынаў [15]. З 1970-х гадоў жанчыны працягвалі масава далучацца да рынку працы. Паміж 1975 і 2021 гадамі іхная эканамічная актыўнасьць вырасла з 54,5 % да 70 %; Паказьнік актыўнасьці мужчынаў склаў 76 % [16]. „Яны ўсё часьцей атрымліваюць доступ да кіруючых пасадаў, у тым ліку — найвышэйшых. Хоць мужчыны там застаюцца ў большасьці, прысутнасьць жанчынаў падвоілася з 22 % у 1982 годзе да 42 % — у 2021" [17].

Да бясспрэчнага прагрэсу ў становішчы жанчынаў трэба дадаць закон Нёвірта (1967) аб кантрацэпцыі і закон Вэйль (1975) аб добраахвотным перапыненьні цяжарнасьці. Іхным наступствам стала павелічэньне ўзросту, калі жанчыны станавіліся маці: сярэдні ўзрост жанчыны, якая нараджала першае дзіця быў 27,8 гадоў у 2000 годзе, а сёньня — 30,9 [18]. Гэта зьвязана з тым, што жанчыне патрэбны час, каб завяршыць працяглую адукацыю, знайсьці стабільную працу, жытло і стварыць сямейныя адносіны.

Што кажа дэмаграфія

15 Christel Colin et Sylvie Le Minez, *Evolution des inégalités entre les femmes et les hommes : faut-il se réjouir ou se désoler?* Le Blog de l'Insee, mars 2023.

16 Тамсама.

17 Тамсама.

18 У 2021 годзе самыя маладыя маці пры нараджэньні першага дзіцяці былі баўгаркі (26,3 гады), румынкі (26,9) і славачкі (27,2). Найстарэйшымі былі італьянкі (31,3), гішпанкі (31,1) і люксэмбуржкі (31,1). Гл. touteleurope.eu.

Карэляцыя ўстойлівая: мацярынства адкладаюць жанчыны, якія маюць вышэйшы ўзровень прафэсійнага жыцьця.

Трываласьць няроўнасьцяў

Дзе мы, счакаўшы пяцьдзясят гадоў? Пасярод броду.

Няроўнасьць паміж дзяўчынкамі і хлопчыкамі працягвае праяўляцца вельмі рана. Сёньня, які і раней, дзяўчынкі дзесяці–пятнаццаці гадоў атрымліваюць менш кішэнных грошай, чым хлопчыкі таго ж веку: у сярэднім на шэсьць эўра менш на месяц [19]. Акрамя таго, хлопчыкі пачынаюць атрымліваць кішэнныя грошы раней за дзяўчатаў.

Нягледзячы на законы, прынятыя дзеля таго, каб сьцерці няроўнасьці, прагрэс застаецца асабліва павольным у інтымных сфэрах параў і ў зьмене гендэрных стэрэатыпаў. Асноўнай крыніцай няроўнасьці, якая спараджае іншыя, зьяўляецца дысбалянс хатніх і бацькоўскіх абавязкаў: жанчыны заўсёды робяць больш, чым мужчыны.

У 2020 годзе Абсэрваторыя няроўнасьцяў канстатавала: „З 2003 году няма зруху ў падзеле хатняй і сямейнай працы. Сытуацыя тупіковая" [20]. Жанчыны па-ранейшаму дома выконваюць найбольш рутынную і цяжкую працу. І ўсе дасьледаваньні пацьвярджаюць, што нараджэньне дзяцей накладае на жанчынаў

[19] Паводле дасьледаваньня Інстытуту CSA, апублікаванага 6 кастрычніка 2023 г. лічбавай рэдакцыяй *France Inter*.

[20] Ан Брунёр падкрэсьлівае, што 80 % жанчынаў займаюцца гатаваньнем або прыбіраньнем ня менш за адну гадзіну ў дзень; для мужчынаў той жа паказьнік складае 36 %. У 2022 годзе мы даведаліся, што маці займаюцца хатняй працай на восем гадзінаў у тыдзень больш, чым бацькі-мужчыны.

Што кажа дэмаграфія

21 Insee, *Economie et Statistique*, 510-511-512, 2019.

22 Тамсама, с. 111.

23 Christel Colin et Sylvie Le Minez, *op. cit.*, с. 3: „У той час як паказьнік актыўнасьці жанчынаў (ад 25 да 49 гадоў) безь дзяцей вельмі блізкі да паказьніка актыўнасьці мужчынаў безь дзяцей (88 % і 89 % адпаведна), у маці дваіх дзяцей (адзін зь іх ва ўзросьце да трох гадоў) гэты паказьнік складае 76 % у параўнаньні з 96 % для бацькі. У маці трох дзяцей, адзін зь якіх — да трох гадоў, паказьнік складае 51 % у параўнаньні з 92 % для бацькі. І калі маці працягваюць сваю прафэсійную дзейнасьць, яны нашмат часьцей за бацькоў працуюць на паўстаўкі".

24 Isabelle Delhomme, Xavier Pétillon, Yohann Rivillon, *Analyses Pays de la Loire*, 103. Insee, mars 2022: „54 % жанчынаў выдаткоўвалі больш за чатыры гадзіны ў дзень на дзяцей у параўнаньні з 38 % мужчынаў. У парах зь дзіцём да трох гадоў гэтая доля дасягае 91 % для жанчынаў і 49 % для мужчынаў".

яшчэ большы цяжар. У 2019 годзе эканамісты Дамінік Мёрс і П'ер Пора так і назвалі сваё дасьледаваньне: „Прафэсійная роўнасьць жанчынаў і мужчынаў у Францыі: запаволеная радзільнямі марудная канвэргенцыя"[21]. Яны аргумэнтавана сьцьвярджаюць, што „устойлівасьць розьніцы ў заробках [паміж жанчынамі і мужчынамі] сёньня пераважна зьвязаная з наступствамі мацярынства"[22]. І праз чатыры гады гэтае сьцьвярджэньне застаецца актуальным: „Пры нараджэньні першага і, асабліва, другога дзіцяці жанчыны памяншаюць або спыняюць сваю прафэсійную занятасьць"[23].

Такім парадкам, хоць разрыў у заробках паміж паламі скарачаецца, нероўнасьць застаецца значнай. У 1995 годзе сярэдні заробак жанчынаў у прыватным сэктары быў на 34 % ніжэй, чым у мужчынаў. Сёньня розьніца складае каля 20 %. Такім чынам, заробкі маці заўсёды зьніжаюцца пасьля нараджэньня дзіцяці. Гэтага не адбываецца ў мужчынаў.

Акрамя таго, у правінцыйнай Францыі ўвесну 2020 году падчас кавіду мы змаглі вызначыць усё яшчэ вельмі нероўнае разьмеркаваньне працы ў парах і павелічэньне працоўнага часу жанчынаў. Яны больш займаліся хатнімі справамі і больш часу надавалі дзецям, пры гэтым працягвалі працаваць дыстанцыйна[24]. Нават калі сёньня мужчыны ўкладаюць больш высілкаў у навучаньне дзяцей (у сярэднім на дваццаць хвілінаў больш у дзень, чым у 1980-я гады), разрыў усё яшчэ застаецца вельмі значным паміж бацькам і маці [25]. Нядаўняе дасьледаваньне аб падзеле абавязкаў падчас кавіду падкрэсьлівае адзін цікавы аспэкт удзелу мужчынаў у гаспадарчай і бацькоўскай працы: калі жанчына працавала адна, па-за хатай, мужчына больш ангажаваўся ў пэўныя сумяшчальныя з традыцыйным гендэрным падзелам ролі. Іншымі словамі, „назіраныя карэкціроўкі нагадваюць мадэль кшталту „дадатковага працаўніка", дзе ў хатняй вытворчасьці мужчына выконвае ролю дапаможнага працаўніка, які можа быць мабілізаваны ў выпадку негатоўнасьці асноўнага — жанчыны" [26].

Адна з асноўных прычынаў запаволеньня, ці нават — стагнацыі ў некаторых сфэрах, — прагрэсу ў гендэрнай роўнасьці ляжыць па-ранейшаму ў трывалай сіле *гендэрных стэрэатыпаў*. Першы зь іх — ідэнтыфікацыя жанчыны з маці, пашыранае меркаваньне, што кожная жанчына ад прыроды мае мацярынскае пакліканьне. А ўзорам традыцыйнай маці зьяўляецца абсалютная адданасьць свайму дзіцяці. Мацярынскі інстынкт — натуральны імпульс жанчыны, каб забясьпечыць ягоны дабрабыт. Дзеля гэтага яна павінна яго карміць, даглядаць, рупіцца пра яго ноччу і днём, і заставацца дома, пакуль яно не набудзе пэўную аўтаномію. У такім рэчышчы асабістыя жаданьні жанчыны адступаюць перад абавязкамі маці. І ў гэтым — прычына, чаму многія

[25] Thibaut de Saint-Pol et Mathilde Bouchardon, *Le temps consacré aux activités parentales*. Drees, 841, mai 2013. Жанчыны выдаткоўваюць у 2,1 разы больш часу, чым мужчыны, каб даглядаць за дзяцьмі: маці ў сярэднім аддаюць адну гадзіну трыццаць тры хвіліны ў дзень на бацькоўскую дзейнасьць, а бацькі-мужчыны — толькі 44 хвіліны.

[26] Hélène Couprie, *Sur le terrain des tâches domestiques, l'homme est sur le banc des remplaçant*. Le Blog de l'Insee, 14 février 2023, p. 7.

думаюць, што роля жанчыны заключаецца ў тым, каб клапаціцца пра ўсіх.

Гэта таксама тлумачыць, чаму і сёньня студэнткі бакаляўрыяту часьцей выбіраюць менш аплатныя спэцыяльнасьці. Іх пераважна больш у фельчарска-сацыяльнай сфэры (больш за 80 % студэнтак). Ва ўнівэрсытэце яны дамінуюць у мовах, літаратуры і гуманітарных навуках (70 %). Іх таксама больш у мэдыцыне і фармацэўтыцы (больш за 60 %): лекаваць і навучаць у значнай ступені застаецца справай жанчыны. Затое яны менш за хлопцаў арыентаваныя на навуковыя і тэхнічныя дысцыпліны, якія адкрываюць больш прыбытковыя пэрспэктывы[27]. Больш пасьпяховыя як у школе, так і ва ўнівэрсытэце[28], дзяўчаты ўрэшце застаюцца з працай, якая аплачваецца менш, чым праца хлопцаў. Яны бяруць дадатковыя гадзіны, асабліва калі працуюць на поўную стаўку або зьяўляюцца маці-адзіночкамі.

Мэнтальны цяжар

Ня дзіва, што гэты новы панятак — мэнтальны цяжар, — які прымушае некаторых людзей вышчарацца, паўстаў менавіта ў фэміністцкіх колах. Для амаль кожнага другога француза гэты панятак зьвязаны з кіраваньнем, арганізацыяй і пастаянным плянаваньнем хатніх і бацькоўскіх абавязкаў — нябачная і

Што кажа дэмаграфія

[27] *Évolution des inégalités entre les femmes et les hommes : faut-il se réjouir ou se désoler ?* Le Blog de l'Insee, 7 mars 2023.

[28] Christel Colin et Sylvie Le Minez, *Evolution des inégalités entre les femmes et les hommes : faut-il se réjouir ou se désoler?* Le Blog de l'Insee, mars 2023.

„адначасова непрыкметная, непазьбежная і пастаянная праца, якая мае на мэце задаволіць і патрэбы кожнага, і добрае функцыянаваньне гаспадаркі"[29]. Жанчыны лічаць, што яны часьцей за мужчынаў становяцца ахвярамі мэнтальнага цяжару, бо іхны ўдзел у прафэсійным жыцьці не вядзе да больш справядлівага разьмеркаваньня хатніх справаў і выхаваньня дзяцей. Абавязак думаць пра тысячу дробязей дзеля дабрабыту сям'і і арганізоўваць большую частку таго, што адбываецца дома, а пры гэтым безупынку мець у галаве сваю прафэсійную працу, часта становіцца крыніцай стомленасьці і непакою. Кожная другая жанчына, якая працуе поўны працоўны дзень, адчувае, што яна не дае рады, як бы яна ні хацела. Мэнтальны цяжар аказваецца занадта цяжкі, жанчына скардзіцца на тое, што ёй бракуе часу, а гэта ў выніку ўзмацняе пачуцьцё віны, нібы яна прыкладае недастаткова намаганьняў.

Амэрыканскае дасьледаваньне паказала, што жанчыны, якія працуюць больш за сваіх сужэнцаў, менш задаволеныя сваім сямейным жыцьцём і шлюбам, і адчуваюць больш стрэсу[30]. Тое ж назіраньне мы знойдзем у сацыёляга Жан-Клёда Каўфмана. „Разрыў у заангажаванасьці ў паўсядзённае жыцьцё тлумачыць, у прыватнасьці, што 62 % жанчынаў хацелі б, каб усё зьмянілася [...], у адрозьненьне ад 69 % мужчынаў, якія, наадварот, хацелі б, каб нічога не

[29] Вызначэньне Ніколь Брэ, дасьледніцы з унівэрсытэту Ляваль у Квэбэку.

[30] Дасьледаваньне амэрыканскіх параў паміж 2015 і 2016 гадамі. — Sarah Flèche, Anthony Lepinteur et Natta Vudh. Journal du CNRS, 4 mars 2021.

[31] Enquête Ipsos, 2018.
[32] Enquête Ipsos, 2018.

мянялася"[31]. Парадокс: 87% апытаных мужчынаў заявілі, што гатовыя больш актыўна ўдзельнічаць у будзённай хатняй працы штодня, каб разгрузіць сваіх спадарожніцаў. Але — вось дзіва! — здольнасьць да побытавай ініцыятывы, так выглядае, не запісаная ў іхную ДНК! Мужчыны хочуць *дапамагаць*, але рэдка — *дзяліць* працу.

Ёсьць падстава казаць пра новую хваробу стагодзьдзя, што ў першую чаргу закранае тых маці, якія працуюць нароўні з мужчынамі: згодна з французскай грамадзкай думкай, мэнтальны цяжар можа прыводзіць да прафэсійнага выгараньня або рызыкі агрэсіі ў дачыненьні да дзяцей і блізкіх[32].

Цяжкасьці, зь якімі мы сутыкаемся, калі спрабуем перамагчы ўсе гэтыя крыніцы няроўнасьці, сьведчаць пра тое, што яшчэ спатрэбіцца шмат часу, каб выкараніць яе. Асабліва, калі мы ня зробім яе аб'ектам калектыўнага змаганьня. Жанчыны скардзяцца на няроўнасьць між сабой, але не адважваюцца зрабіць гэтага публічна, як быццам грамадства не гатовае іх пачуць. У выніку многія жанчыны расчароўваюцца і абіраюць мальтузыянскія сродкі.

Вось такія наступствы нам пакінуў патрыярхат.

Раздзел 3

РЭВАЛЮЦЫЯ-ПАСТКА

Да 1970-х гадоў жанчынаў — за невялікім выключэньнем, — якія нараджалі дзіця, звычайна не пыталіся аб жаданьні мець дзяцей. Для большасьці быць маці было само сабой зразумелым. Зьяўленьне кантрацэпцыі і права на аборт усё зьмяніла, але мы гэта не адразу ўсьвядомілі. З фэміністкага лёзунгу Руху вызваленьня кабетаў „*Дзіця — калі я хачу і пры ўмове, што захачу*" [33] мы сьпярша пачулі толькі першую палову.

Найбольш адукаваныя жанчыны, а таксама ўсе тыя, што даражылі сваёй фінансавай незалежнасьцю і свабодай, пачалі задаваць пытаньні, якія былі малавядомыя іхным мамам і бабулям. І размова ня толькі пра эканамічныя цяжкасьці, выкліканыя зьяўленьнем дзіцяці, але і пра балянс радасьці й нягоды, якія суправаджаюць ягоны прыход.

Зь мінулага стагодзьдзя статус жанчыны зьмяніўся, таксама зьмяніўся і статус дзіцяці — улада быццам хіснулася ў іншы бок. І мы ў выніку цяпер сутыкаемся з парадоксам: у XXI стагодзьдзі вызваленьне жанчыны не прынесла вызваленьня маці. Нават наадварот: калі жанчына выбірае мець дзіця, яна сутыкаецца з пачуцьцём адказнасьці, якое было невядомае ў мінулым. Яна цяпер павінна быць ідэальнай маці шчасьлівага дзіцяці,

[33] Le Mouvement de libération des femmes (Рух вызваленьня кабетаў) — францускі фэміністкі рух, які выступаў за плоцевую аўтаномію жанчынаў і кідаў выклік патрыярхальнаму грамадству. Заснаваны ў 1970 годзе на хвалі Women's Liberation Movement амэрыканскіх жанчынаў і падзеяў траўня 1968 году ў Францыі (*заўв. пер.*).

[34] Выраз *total motherhood* упершыню ўжыты Джоан Вулф у кнізе *Is Breast Best? Taking on the Breastfeeding Experts and the New High Stakes of Motherhood* (Кармленьне грудзьмі — лепш за ўсё? Супраць экспэртаў па грудным выкормліваньні і новых высокіх ставак мацярынства), New York University Press, 2013.

[35] Eliette Abécassis, *Un heureux événement*, Le Livre de Poche, 2005, p. 28.

якое разьвівае ўвесь свой фізічны, псыхалягічны і творчы патэнцыял. І крый божа вам не пашчасьціць!

Маці, вы ўсім ім абавязаныя!

Вы — цела і душа дзіцяці. Некаторыя амэрыканскія фэміністкі назвалі гэтую тэндэнцыю *татальным мацярынствам*[34], у пастку якой трапляюць у першую чаргу сярэднія і вышэйшыя клясы. У 1980-я гады пачалася рэвалюцыя, зьвязаная з мацярынствам, вынік якой мы бачым сёньня: жанчына чарговы раз павінна схіліцца — перад маці.

ПЕРШЫ АКТ

Ад пачатку цяжарнасьці жаночае цела належыць эмбрыёну. Лекары загадваюць жанчыне кінуць паліць і забыць пра келіх віна. Гэтая радыкальная забарона зачароўвае тых, хто ніколі не паліў або не выпіваў. Большасьць намагаецца быць у згодзе з дыктатам. Для некаторых ён становіцца сапраўдным выпрабаваньнем. Эліят Абэкасіс піша, што зацяжарыць — нібы пачаць практыкаваць рэлігію: „Найбольш цяжкім для мяне было кінуць выпіваць […], але неабходна, бо катэгарычная сіла абрынулася на мяне — вострая, як цясак. Я была адказная за кагосьці, але толькі не за самую сябе"[35].

Мала хто зь цяжарных адважваецца публічна казаць пра свае залежнасьці, асабліва калі папярэджаньні лекараў становяцца ўсё больш трывожнымі. Перадусім — у дачыненьні да тытуню, які нясе багата рызыкаў для плоду: затрымка ўнутрыматкавага росту, пазаматкавая цяжарнасьць, неданошанасьць і рызыка ўдушша нованароджанага. Неразумным курчыцам нагадваюць, што нястача тлену пры ўдыханьні тытунёвага дыму зьяўляецца асноўнай таксічнай прычынай каморкавага пашкоджаньня нэрвовай сыстэмы, якое можа прывесьці да цэрабральнай хваробы [36]. Якая будучая маці адважыцца прызнацца і адкрыта пайсьці на такія рызыкі для свайго дзіця? Аднак, 17,8 % курчыцаў працягваюць паліць у трэцім трымэстры цяжарнасьці [37]. Сапраўдныя наступствы гэтай дэвіяцыі дагэтуль да канца невядомыя.

[36] Elisabeth Badinter, *Le Conflit…*, *op. cit.*, Maternité et ascétisme, p. 96–101.

[37] Зьвесткі Міністэрства аховы здароўя, 1 чэрвеня 2022 г. Гэта самы высокі паказьнік у Эўропе.

[38] *La Leche League International* (LLLI) — міжнародная грамадзкая прыватная сьвецкая арганізацыя для падтрымкі жанчынаў, якія кормяць грудзьмі, адвакацыі груднога кармленьня і прадастаўленьня інфармацыі аб ім. Створана ў штаце Ілінойс, ЗША, у 1956 годзе. Групы *La Leche League* ёсьць у больш як сямідзесяці краінах сьвету (*заўв. пер.*).

ДРУГІ АКТ

Грудное выкормліваньне легла ў аснову мацярынскай рэвалюцыі. На працягу некалькіх дзесяцігодзьдзяў яно набірала ўсё больш прыхільнікаў у заходнім сьвеце пад уплывам магутнай амэрыканскай асацыяцыі *Leche League*[38].

У 1950-я гады кожная жанчына ў Францыі ці ЗША сама вырашала, карміць грудзьмі ці не. Грудное выкормліваньне хутка саступіла бутэльцы з соскай, якая лічылася вызваленьнем для маці, і якую бацька або іншы чалавек мог даць дзіцяці. Аднак, вось ужо трыццаць гадоў, *Leche League* працягвае весці пасьпяховую ідэалягічную барацьбу, у тым ліку па-за межамі сваёй краіны.

Наратывы *Leche League* базуюцца вакол чатырох асноўных тэмаў: маральны аўтарытэт прыроды, перавагі груднога выкормліваньня, статус жанчыны і маральная рэформа грамадзтва. Паводле лігі, трэба ўмацоўваць сувязь маці з сваім дзіцём і абуджаць ейны мацярынскі інстынкт, задушаны ўладай дактароў, сучасным індывідуалізмам і спажывецтвам. Маці нагадваюць, што ейныя грудзі належыць передусім дзіцяці і што яны былі створаныя, каб карміць дзіця. Ліга выступае за працяглае груднае выкормліваньне, карыснае для здароўя дзіцяці, што таксама ўмацоўвае сувязі дзіцяці з маці. На працягу дзесяцігодзьдзяў ліга пашырала ўражальны сьпіс пераваг выкормліваньня. Пад ейным уплывам нават СААЗ і ЮНІСЭФ у 2003 годзе рэкамэндавалі выключна груднае выкормліваньне для нованароджаных на працягу першых шасьці месяцаў [39] і — дзе магчыма — да двух гадоў і нават даўжэй, калі разнастаіць рацыён.

Варта добра разумець, што актывісткі лігі такім чынам змагаюцца супраць бутэлькі з соскай, жудаснага парашковага малака, дзіцячых ясьляў і працы „мамаў" па-за домам. Добрая маці, якая па першым патрабаваньні корміць

[39] *Allaitement maternel. Les bénéfices pour la santé de l'enfant et de sa mère*, 2005, le ministère des Solidarités, de la Santé et de la Famille. Перавагі груднога выкормліваньня, калі яно доўжыцца прынамсі шэсьць месяцаў, аднак, рэгулярна пераглядаюцца гэтымі арганізацыямі. Таксама гл. Elisabeth Badinter, *Le Conflit...*, *op. cit.*, La bataille du lait, p. 101-106.

грудзьмі — гэта маці на поўны працоўны дзень. Для тых, хто ня можа сабе дазволіць заставацца дома, ліга рэкамэндуе электрычны ляктатар, які дазваляе маці трымаць малако ў лядоўні падчас ейнай адсутнасьці. А гэта ня так ужо і проста. Таму рэкамэндаванае лігай грудное выкормліваньне часьцей падтрымліваецца жанчынамі з вышэйшай адукацыяй, чым працаўніцамі і служболўкамі.

У 1990-я гады практыка груднога выкормліваньня ў Францыі няўхільна пашыралася. У 2016 годзе дзьве трэці нованароджаных выкормліваліся грудзьмі ад нараджэньня [40]. З таго часу гэтая лічба застаецца стабільнай, але ніжэйшай, чым у многіх нашых суседзяў. Паказьнік груднога выкормліваньня ў два месяцы нізкі ў Францыі, бо толькі траціна жанчынаў па-ранейшаму кормяць дзіцяці выключна грудзьмі [41].

Санітарная і маральная філязофія лігі, прынятая многімі лекарамі і мацярынскімі асацыяцыямі, спараджае пачуцьцё віны, якое, можа адбіць ахвоту да мацярынства ў жанчынаў, што мараць стаць ідэальнымі маці. Калі фізічны і псыхалягічны кошт ім уяўляецца празьмерным, яны хутчэй адмовяцца ад мацярынства, чым будуць дрэннымі маці.

У гэтым пляне стаўленьне францужанак выбіваецца з агульнага шэрагу. Яны — ганьба Эўропы адносна натуральнага выкормліваньня, але пры гэтым застаюцца першымі паводле паказьнікаў

[40] Étude d'Annick Vilain pour la Drees, avril 2016, 958.

[41] Паводле нацыянальнага пэрынатальнага дасьледаваньня, праведзенага Inserm у 2021 годзе, у два месяцы 34,4 % жанчынаў кармілі выключна грудзьмі, 19,8 % выкарыстоўвалі мяшанае выкормліваньне, а 45,8 % кармілі сваё дзіця з бутэлькі.

[42] Elisabeth Badinter, *L'Amour en plus, Histoire de l'amour maternel, XVIIᵉ-XXᵉ siècle*. Flammarion, 1980; Le Livre de Poche, 2001.

нараджальнасьці. Гэта — уяўны парадокс. На працягу ўжо некалькіх стагодзьдзяў жанчына перамагае маці. Ня толькі таму, што вобраз жанчыны, якая корміць грудзьмі, амаль не шанаваўся з XVIII стагодьдзя — паводзіць сябе як жывёла не лічылася прэстыжным і не прыносіла задавальненьня, але і таму, што жанчына мела лепшыя для сябе заняткі, чым дбаць пра „дзятву". Усе, хто меў сродкі, аддавалі перавагу адправіць дзіця ў вёску да мамак, нават калі гэта значыла, што праз пару гадоў яно там можа памерці.

Такія ўзгадкі пра гістарычную рэальнасьць[42], несумненна, шакуюць сёньня многіх жанчынаў. Але мы павінны таксама прызнаць, што ў Францыі па-ранейшаму застаецца моцным супраціў патрабаваньню, каб жанчына забылася на ўсе свае інтарэсы дзеля мацярынства. І гэта, мабыць, адна з галоўных прычынаў ейнай плоднасьці. З канца XIX стагодзьдзя Францыя прыняла разумную палітыку ў сфэры нараджальнасьці. Тут актыўна ствараліся ясьлі для самых маленькіх з мэтай даць дзецям да трох гадоў найлепшыя санітарныя ўмовы, пакуль малазабясьпечаныя маці працуюць цэлы дзень. У выйгрышы была і эканоміка краіны, і самі маці. У той жа час ажыцьцяўлялася другая мэта: рыхтаваць дзяцей да школы ў дзіцячым садку, засяроджаным на гульні і адаптаваным да патрэбаў дзіцяці.

Зусім іншую гісторыю мы бачым у краінах, якія здаўна блыталі жанчыну і маці. Італія і Гішпанія адкрылі свае першыя ясьлі ў... XXI стагодзьдзі! Іх паказьнікі нараджальнасьці сёньня нашмат больш трывожныя.

Мацярынская рэвалюцыя не павінна спыняцца на дасягнутым. Пасьля абавязковага груднога выкормліваньня мы павінны зьмяніць нашую адукацыю, як быць добрымі маці.

ТРЭЦІ АКТ

Пазытыўная адукацыя, якую таксама называюць спрыяльнай адукацыяй, прыйшла да нас з англасаксонскіх краінаў. Па словах ейных прыхільнікаў, яна перад усім базуецца на эмпатыі, гэта значыць — на разуменьні эмоцыяў, думак і патрэбаў дзіцяці. Яна распаўсюдзілася ў Францыі ў пачатку 1990-х праз пасярэдніцтва клінічных псыхолягаў, пэдыятараў і нават антраполягаў. Дзякуючы шматлікім блёгам з парадамі трэнэраў па выхаваньні дзяцей, пазытыўная адукацыя стала здабываць папулярнасьць сярод сярэдніх і вышэйшых клясаў.

Ідэя прыхільнай адукацыі, супрацьлеглая дрэннаму абыходжаньню, мае ўсё, каб прывабіць бацькоў, якія імкнуцца ўсё рабіць добра. Бацькі — асабліва маці, галоўныя асобы, адказныя за адукацыю маленькага дзіцяці, — засвоілі, што не павінны ні злавацца, ні прымаць жорсткіх захадаў да капрызаў маленькага дзіцяці, бо гэта можа мець наступствы для разьвіцьця ягонага мозгу [43].

Што трэба рабіць, каб пазьбегнуць рызыкаў? Элёіз Жунье, важная постаць прыхільнай адукацыі, псыхалягіня і абаронца правоў дзіцяці, рэкамэндуе прылашчыць дзіця ў крызісныя моманты. Яна сьцьвярджае, што капрыз існуе толькі ў галовах дарослых, што бунт дзіцяці — гэта праява незадаволенай патрэбы. Рашэньнем было б растлумачыць малечы прычыну ягоных эмоцыяў [44], бо дзіця ніколі не праяўляе агрэсіі выпадкова. Маці павінна знайсьці прычыну і выказаць яе словамі. Інакш кажучы, пры любых абставінах заставайцеся цёплымі і зычлівымі, нават калі дзіця крычыць і б'ецца. На жаль, — адзначае псыхааналітыца Адрыяна Кампос, — такія намаганьні дарослых рэдка дасягаюць чаканага эфэкту [45]. Бездапаможныя бацькі застаюцца заціснутымі паміж раздражненьнем і пачуцьцём віны. Ролі мяняюцца: дзіця ў сваёй усемагутнасьці ігнаруе свае межы і становіцца тыранам бацькоў, якія не змаглі навучыць яго трываць расчараваньне і прытрымлівацца правілаў паводзінаў. Іншымі словамі — ня выхавалі яго. Аднак, клінічная псыхалягіня Караліна Голдман нядаўна нагадала пра важнасьць казаць „не" і ставіць межы дазволенага дзецям [46], што выклікала гарачую палеміку [47] з прыхільнікамі пазытыўнай адукацыі. За тое, што яна параіла ізаляваць капрызьлівае дзіця на пэўны час у ягоным пакоі, яе абвінавацілі ў жорсткім абыходжаньні і выхаваньні дзяцей як жывёлаў. Ейная кніга, аднак, была прынятая зь велізарнай палёгкай многімі маці, якія ўжо ня ведалі, якому сьвятому маліцца, каб быць правільнымі маці ідэальнага дзіцяці. Тут мы маем справу з падвойнай ілюзіяй, бо няма ані ідэальных маці, ані ідэальных дзяцей. Пранікліві Фройд вучыў нас, што ўсякая адукацыя вырачаная на паразу. Нарэшце, хто можа ўсур'ёз паверыць, што і так абцяжараныя тысячамі клопатаў маці XXI стагодзьдзя могуць дазволіць сабе раскошу выпрабаваць новую адукацыю, якая выклікае шмат пытаньняў і нават можа ў некаторых выпадках прыводзіць да асацыяльнасьці дарослых праз адсутнасьць у іх стабільнага эга?

Ня будзем забываць, што адукацыя не абмяжоўваецца дзіцячым садком. Яна падразумявае шмат любові, цярпеньня і даступнасьці на працягу многіх гадоў. Гэта апошняе — не само сабой зразумелае для маці, якая працуе ўвесь дзень. Гэта можа быць крыніцай ейнага адвечнага пачуцьця віны.

Адукацыя таксама прадугледжвае навучаньне сацыяльным правілам, якія патрабуюць значна большага, чым „так" ці „не". Але бацькам сёньня стала значна цяжэй забараняць нешта дзіцяці, чым гэта было ўчора. Страх зрабіць нешта ня так? Страх канфлікту зь дзіцём?

2,3 мільёны праглядаў і на сёньняшні дзень стала самым чытаным матэрыялам на сайце. Бітва за абмежаваньні дзіцяці, аднак, яшчэ не завершаная. Часопіс *Parents* спытаў у ChatGPT: „Як быць добрым бацькам?". Адказ быў: „З дапамогай „дасканалай пазытыўнай адукацыі". (7 чэрвеня 2023 г.).

Стомленасьць? Тым ня менш, дзяцей неабходна вучыць не перакрочваць пэўных межаў, вучыць зычлівасьці і ласкам, але таксама аўтарытэту і павазе, якія сёньня нярэдка здабываюць кепскую рэпутацыю. Неразуменьне і трывога ахопліваюць ня толькі дзіцяці ў далікатны пэрыяд падлеткавага ўзросту, але — мо нават і часьцей — бацькоў тых дзяцей. Іхнае слова важыць менш, чым смартфон, які дае маладым людзям доступ да сацыяльных сетак.

Многія бацькі прызнаюць, што іхная задача сёньня стала больш складанай, чым яна была ўчора. І гэтае назіраньне не засталося незаўважаным тымі, хто адчувае няпэўнасьць адносна сваіх здольнасьцяў стаць бацькамі.

Парадокс

Адначасова з мацярынскай рэвалюцыяй, якая стварае памылковае ўражаньне рэгрэсу, мы зьяўляемся сьведкамі іншай рэвалюцыі — мэнтальнай і маральнай — якая супярэчыць першай. Ейная мэта — асабісты росквіт. Яна заахвочвае пошук уласнага дабрабыту, які ідзе рука ў руку зь мінімізацыяй крыніцаў стрэсу і турботаў, і, вядома, прысьвячэньнем больш часу самім сябе.

У духу геданізму і індывідуалізму, якія — асабліва пасьля выпрабаваньняў, зьвязаных з кавідам у 2020 годзе, — сталі вызначальнымі для нас сёньня, маладыя пакаленьні хочуць мінімізаваць абмежаваньні і задавальняць свае жаданьні. Разам з лёзунгам „я перадусім", які характарызуе нашае новае стагодзьдзе, паўстае й іншы: „маё мацярынскае я". Безумоўна, шмат жанчынаў могуць знайсьці свой асабісты росквіт у „татальным мацярынстве", але многія іншыя хацелі б захаваць пэўную аўтаномію. Выглядае, што статыстыка сьведчыць пра тое, што ўсё больш жанчынаў у разьвітых краінах уважліва ўзважваюць для сябе і задавальненьні, і пакуты мацярынства.

Канфлікт дзьвюх
легетымнасьцяў

Разьдзел 4

КАНФЛІКТ ДЗЬВЮХ ЛЕГІТЫМНАСЬЦЯЎ

Інтымны бунт жанчынаў

На працягу ўсёй гісторыі былі жанчыны, якія не хацелі дзяцей, але грамадзтва і прырода не пакідалі ім выбару. Сёньня яны — гаспадыні сытуацыі: стаць маці, верагодна, зьяўляецца самым важным рашэньнем у іхным жыцьці. Гэтым пераменам папярэднічалі дэбаты аб перавагах і недахопах новай сытуацыі адносна асабістых інтарэсаў і патрабаваньняў грамадзтва. Чым больш вымушаны гэты выбар, тым менш просты ён. Пакуль мы разважалі пра маці двох ці трох дзяцей, зьявіліся жанчыны з адным ці двума дзецьмі, а часам — зусім безь дзяцей.

Нараджальнасьць істотна зьніжаецца паўсюль, дзе працягваюць блытаць жанчыну з маці, дзе яшчэ жывы патрыярхат, а значыць — і няроўнасьці. Так ёсьць на Ўсходзе і на Захадзе, як у індустрыйнай Азіі, так і ў Гішпаніі з Італіяй.

Выпадак Паўднёвай Карэі яскрава ілюструе становішча жанчынаў ва Ўсходняй Азіі. Там новыя пакаленьні жанчынаў, якія заканчваюць універсытэт, мараць аб незалежнасьці любым коштам. Прычына — у непераадольным сацыяльным

48 Frédéric Ojardias, 17 décembre 2019.

49 Sheelah Delestre, *Différence de salaire entre hommes et femmes dans les pays-membres de l'OCDE en 2021, en part du salaire médian des hommes*. Statista, 16 novembre 2023.

50 Tomáš Sobotka, *op. cit.*: „Насупраць іншым разьвітым краінам, у якіх зьніжэньне колькасьці шлюбаў адбываецца паралельна з павелічэньнем сужыцьцяў і нараджэньнем дзяцей па-за шлюбам (больш за 60 % нараджэньняў у Францыі сёньня адбываецца па-за зарэгістраваным шлюбам), нараджэньне дзяцей і шлюб шчыльна зьвязаныя ва Ўсходняй Азіі".

і сямейным ціску на жанчынаў, якія становяцца маці. Спачатку ад іх чакаецца бліскучая вучоба і прафэсійны посьпех нароўні з мужчынамі, а калі зьяўляецца дзіця, ад іх патрабуецца, каб яны ад усяго адмовіліся. На маці ўскладаецца ўвесь клопат пра дзяцей. Яна адказвае за адукацыю, навучаньне і — асабліва — посьпехі дзіцяці ў вучобе. Яна цалкам застаецца пад кантролем мужавых бацькоў, якія ў любы момант могуць усунуць свой нос у ейнае жыцьцё. Адпачынак бацькі для догляду дзіцяці ўспрымаецца нэгатыўна і з боку сям'і, і з боку працадаўцаў, якія аддаюць перавагу мужчынам, бо яны не адказныя за догляд дзяцей [48]. І ў дадатак да ўсяго: у Паўднёвай Карэі — найвялікшы з усіх багатых краінаў гендэрны разрыў у аплаце працы паміж мужчынамі і жанчынамі — больш за 30 % [49]. Таму маладыя студэнткі адмаўляюцца паўтараць лёс сваіх маці, раздушаных традыцыямі і нежаданьнем мужчынамі пераменаў.

У Паўднёвай Карэі мець дзіця па-за шлюбам непрымальна [50]. Тут настойліва рэкамэндуецца пабрацца шлюбам да дваццаці пяці гадоў. У будучага мужа ўжо павінна быць кватэра. У выніку ўсё больш маладых жанчынаў выбіраюць «тры не»: не — рамантычным адносінам, не — шлюбу і не — дзецям. Яны аддаюць перавагу жыць у адзіноце і свабодна прысьвячаць сябе кар'еры на ўласны густ. У выніку, Паўднёвая Карэя мае найніжэйшы ўзровень нараджальнасьці ў сьвеце: шэсьць нараджэньняў на тысячу чалавек [51]. Нядаўняе апытаньне паказала, што дзьве траціны паўднёвакарэйскіх жанчынаў ад 19 да 34 гадоў не жадаюць мець дзяцей [52]. А значыць, краіну чакаюць істотныя страты насельніцтва ў будучыні. Сёньня Паўднёвая Карэя налічвае амаль 52 мільёны жыхароў. Мяркуецца, што ў 2050 годзе іх застанецца ўсяго 46 мільёнаў.

На працягу некалькіх гадоў урад пасьлядоўна выдаткоўваў немалыя сумы — агулам амаль 200 мільярдаў даляраў, — каб заахвоціць нараджальнасьць: грашовая дапамогі на дзяцей ва ўзросьце да аднаго году, падаўжэньне адпачынку па доглядзе за дзіцём, яслі. Аднак каэфіцыент нараджальнасьці працягваў падаць апошнія пяць гадоў. Зьмяншаецца ня толькі жаданьне мець дзяцей, але і ўсё менш паўднёвакарэйцаў бяруцца шлюбам: за дваццаць гадоў колькасьць шлюбаў у Сэуле скарацілася амаль напалову [53]. Адзінокія жанчыны цяпер менш стыгматызаваныя і яны масава далучаюцца ды рынку працы. Яны аддаюць прыярытэт прафэсійнай будучыні.

Нарэшце, кошт мець дзіця стаў вельмі высокім. Карэйскія бацькі больш за ўсіх у сьвеце выдаткоўваюць на дзяцей, асабліва — на прэстыжную адукацыю, якая застаецца недаступнай для сярэдніх і бедных клясаў.

Запозьненая, хоць і значная, дапамога ня мела жаданага выніку. Норавы, звычаі і мэнталітэт мяняюцца марудна. Траціна

[51] Або 0,9 дзіцяці на жанчыну. *Population & Sociétés*, 603, *op. cit.*

[52] Korea Population Health and Welfare Association, septembre 2022.

[53] YON HAP, Séoul, 16 décembre 2021. Колькасьць нованароджаных у 2020 годзе ў паўднёвакарэйскай сталіцы склала 47,5 тысячы: скарачэньне за дваццаць гадоў на 64,3 % і на 11,6 % — у параўнаньні з 2019 годам.

жанчынаў не знаходзяць таго, што яны шукаюць, у сьвеце, у якім ім даводзіцца жыць. Пакуль захоўваюцца гендэрныя стэрэатыпы, жанчыны адмаўляюцца выконваць тое, што ад іх чакаецца. Гэты асабісты, адзіночны і інтымны бунт моцна адрозьніваецца ад той калектыўнай фэміністкай рэвалюцыі, якую мы перажылі на Захадзе, і якая ня мела такога нэгатыўнага ўплыву на нараджальнасьць.

Падзеньне табу

Сёньня мы зьяўляемся сьведкамі рэальнага падзеньня табу. Першае зь іх здымаюць тыя, хто называе сябе „чайлдфры", то бок, выбіраюць ня мець дзіця і такім чынам ставяць пад сумнеў атаясамленьне жанчыны з маці. Зьява „чайлдфры" ахоплівае два выпадкі: тых, хто ад самага пачатку адмаўляюцца быць маці, і тых, хто па розных прычынах адкладае мацярынства, пакуль час на яго не мінае зусім.

Гэты рух узьнік у мінулым стагодзьдзі ў англасаксонскіх краінах: ЗША, Вялікабрытаніі, — а таксама ў Нямеччыне. Затым ён распаўсюдзіўся ў краінах Паўднёвай Эўропы. Рэшта насельніцтва яго часта крытыкуе, але бязьдзетныя настойваюць на сваім свабодным выбары. Іхны голас усё мацней чуецца ў апошнія дваццаць гадоў передусім дзякуючы сацыяльным сеткам, інфлюэнсэркам і групам падтрымкі. *Courrier international* паведамляе, што за апошнія два гады, бачнасьць „чайлдфры" павялічылася ў ЗША:

> *„З пункту гледжаньня папулярнасьці, адбыўся рэальны выбух: на TikTok, хэштэгі #childfree і #childfreebychoice складаюць адпаведна 570 і 391 мільёнаў праглядаў. На Reddit, амэрыканскім сайце дыскусіяў і сацыяльных навінаў, тэма аб'ядноўвае 1,5 мільёна падпісаных"*[54].

У 2021 годзе дасьледаваньне паказала, што прыблізна 44 % дарослых амэрыканцаў — і жанчынаў, і мужчынаў, — ва ўзросьце ад 18 да 49 гадоў, якія яшчэ ня мелі дзяцей, не зьбіраліся іх заводзіць зусім[55]. Вядома, частка зь іх можа потым зьмяніць сваё меркаваньне. У Вялікабрытаніі ў 2015 годзе налічвалася каля 20 % людзей безь дзяцей[56], тое самае — у былой Заходняй Нямеччыне[57]. Наадварот, Францыя застаецца краінай, якую менш за ўсё закранула нежаданьне мець дзяцей: менш за 15 % жанчынаў былі бязьдзетнымі, сярод якіх толькі 5 %, верагодна, можна разглядаць як перакананых чайлдфры[58].

Тым ня менш, тэма пачынае замацоўвацца сярод цяперашніх пакаленьняў дзетароднага веку. Мужчыны і жанчыны — ня толькі маладыя прыхільнікі ідэалёгіі „зялёных", якія агітуюць за значнае скарачэньне рэпрадукаваньня, — усё часьцей ставяць бацькоўства пад пытаньне. Але яны пакідаюць за сабой права перадумаць пазьней. Ужо сама

[54] 16 лютага 2023.
[55] Pew Research Center.
[56] Ann Berrington, *Childlessness in the UK*, in Michaela Kreyenfeld et Dirk Konietzka (éds), *Childlessness in Europe: Contexts, Causes, and Conséquences*, Springer Open, 2016. Але аўтарка падкрэсьлівае, што ўзровень фэртыльнасьці заставаўся высокім — 1,9 дзіцяці на жанчыну.
[57] Michaela Kreyenfeld et Kirk Konietzka, *ibid*.
[58] Katja Köppen, Magali Mazuy et Laurent Toulemon, *Childlessness in France, ibid*. Аўтары адзначаюць, што ацэнкі датуюцца 1999 г. і што ўжо ў 2011 г. вынікі для бязьдзетных жанчынаў, верагодна, будуць перагледжаныя ў бок павелічэньня. Гл. таксама Charlotte Debest, *Le Choix d'une vie sans enfant*, Presses universitaires de Rennes, 2014. Таксама гл. штотыднёвік *Le Un* (№ 449, травень 2023), які прытрымліваецца лічбы INED, г. зн. 5 %.

Канфлікт дзьвюх легетымнасьцяў

59 *Chicago Sun-Times*, 29 mars 1976. Cf. Marian Faux, *Childless by Choice*, Anchor Press Doubleday, 1984. Экспэрымэнт некалькі разоў паўтараўся ў 1990-я падчас радыётрансьляцыяў і заўсёды запэўніваў слухачоў у іхнай ананімнасьці; адсотак адмоўных адказаў вагаўся ад 45 % да 60 %.

пастаноўка пытаньня выглядае навінкай, своеасаблівым антрапалягічным разрывам, які сьведчыць пра сумневы ў бацькоўскіх здольнасьцях і жаданьне выпрабаваць іх.

Пры гэтым, у згаданых краінах: ЗША, Вялікабрытаніі і былой Заходняй Нямеччыне — захоўваецца значны сацыяльны ціск з боку сям'і, калегаў па працы і параў зь дзецьмі, які заахвочвае неахвотных жанчынаў стаць маці. Іх падазраюць у тым, што яны ня любяць дзяцей, што яны — эгаісткі і не зусім „нармальныя". У той жа час грамадзтва з сымпатыяй ставіцца да ўсіх тых, хто ня можа мець дзяцей, хоць і моцна хацелі б.

У 2020 годзе кавід нічога не зьмяніў, нараджальнасьць паўсюдна зьнізілася. І замест таго, каб у наступныя гады стаць сьведкамі навёрстваньня нараджальнасьці, мы працягваем бачыць, што тэндэнцыя толькі нарастае. Пакуль адныя дэмографы, звыклыя назіраць за ўзлётамі і падзеньнямі нараджальнасьці, захоўваюць непарушнае самавалоданьне, іншыя падкрэсьліваюць нядаўнія зьмены ў звычках і норавах. Ужо ня толькі жанчыны адмаўляюцца ад мацярынства, але наагул — бацькі, якія ў сацыяльных сетках дыскутуюць праблемы зь дзецьмі і цяжкасьці іх выхаваньня. Яны ўжо не саромеюцца разбурыць і другое табу, калі кажуць, што шкадуюць, што мелі дзяцей.

Першы сыгнал прагучаў пяцьдзясят гадоў таму ў *Chicago Sun-Times*[59]. Газэта пацікавілася ў сваіх чытачоў, ці выбралі б яны зноў бацькоўства, калі б ведалі, што іх чакае. На ўсеагульнае зьдзіўленьне газэта атрымала ад сваіх чытачоў дзесяць тысячаў ананімных адказаў: 70 % адказалі адмоўна. Вядома, гэты экспэрымэнт ня меў вартасьці навуковага апытаньня — цалкам верагодна, што збольшага толькі расчараваныя бацькі пажадалі адказаць. Але ў гэтым была і карысьць — пачуць тое, што дагэтуль ігнаравалася.

Сёньня ўжо не стаіць пытаньня пра поўную ананімнасьць. Маці адважваюцца гаварыць з журналістамі, сацыёлягамі[60] і псыхолягамі. Вядома, яны не заўсёды раскрываюць сваю асобу, але дазваляюць сабе даверыць свой мацярынскі боль незнаёмаму чалавеку ці інтэрнэт-форуму. Іншыя з адкрытым тварам сьмела гавораць перад камэрай. Большасьць кажуць, што любяць сваіх дзяцей, але ненавідзяць мацярынскія абавязкі, якія забралі ўсю іхную свабоду. „Калі б я толькі ведала гэта раней"[61].

Гэтыя жанчыны, вядома, у меншасьці, асабліва ў Францыі. Яны самастойна перагортваюць старонку агульнапрынятай ідэнтыфікацыі жанчыны і маці. Яны адчыняюць дзьверы іншым жанчынам, падказваюць ім новы жыцьцёвы выбар, пра які яшчэ зусім нядаўна немагчыма было заявіць.

[60] Orna Donath, *Le Regret d'être mère.* Odile Jacob, 2019.
[61] *Le Monde*, 22 septembre 2023.

Заканамерныя асьцярогі эканамістаў і палітыкаў

Такім чынам, зьніжэньне нараджальнасьці ў індустрыялізаваных краінах зьяўляецца ўсё больш і больш структурным. Калі яно будзе працягвацца, колькасьць працаздольнага насельніцтва пачне зьмяншацца, што створыць пагрозу для эканамічнага росту гэтых краінаў і ўстойлівасьці дзяржаўных фінансавых сыстэмаў. У Францыі гэта адаб'ецца ня толькі на эканоміцы, але і на міжгенэрацыйных сувязях, якія знаходзяцца ў цэнтры нашай сацыяльнай мадэлі. Як мы зможам плаціць пэнсіі бацькам, працягласьць жыцьця якіх павялічваецца, а зь ёй — і неабходнасьць у іх даглядзе?

Джонатан Тэрнэр, старшыня брытанскай камісіі па энэргатрансфармацыі, заявіў у 2021 годзе, што паступовае зьніжэньне насельніцтва багатых краінаў можа быць паратункам [62]. Большыя выдаткі на пэнсіі будуць кампэнсаваныя скарачэньнем патрэбаў на інфраструктуру і жыльлё, выкліканых дэмаграфічнай рэгрэсіяй. А брак працоўных рук будзе спрыяць аўтаматызацыі вытворчасьці і павялічэньню заробкаў. Нарэшце, гэта будзе карысным для скарачэньня выкідаў парніковых газаў. Аднак ён не заклікаў да страйку похваў, як гэта робіць частка руху за экалёгію. Ён папярэджваў пра *раптоўны дэмаграфічны спад*, які спавадуе значныя цяжкасьці,

[62] *Les Échos*, 19 juin 2021.

у прыватнасьці, праз такое павелічэньне колькасьці пэнсіянэраў у параўнаньні з працаздольным насельніцтвам, што ніякія формы аўтаматызацыі ня змогуць кампэнсаваць яго цалкам.

Заахвочваньне да зьніжэньня нараджальнасьці можа быць небясьпечным, бо добра вядома, што пасьля спаду аднавіць рост насельніцтва цяжка. Найбольш відавочнай ілюстрацыяй гэтага зьяўляецца Паўднёвая Карэя зь ейным самым нізкім у сьвеце сумарным каэфіцыентам нараджальнасьці, які ў 2023 годзе ацэньваўся ў 0,78 дзіцяці на жанчыну. Яшчэ шэсьць гадоў перад тым ён быў вышэй за 1,0. Гэта называецца *раптоўным спадам*[63]. Ягоных наступстваў ня варта ўспрымаць легкадумна. Апроч абязьлюдзеньня сельскай мясцовасьці, закрыцьця школаў і зьніжэньня прадукцыйнасьці, пад пагрозай знаходзяцца сацыяльная сыстэма і пэнсійнае забесьпячэньне. Больш складанай, мабыць, становіцца таксама задача набраць дастаткова прызыўнікоў у армію. А калі маеш агульную мяжу з Паўночнай Карэяй[64], армія — не раскоша, а элемэнтарная неабходнасьць.

На другім баку сьвету Італія таксама асьцерагаецца незваротнага зьмяншэньня насельніцтва. З 2010-х гадоў ейны паказьнік нараджальнасьці працягвае зьніжацца: з 1,90 дзіцяці на жанчыну ў 2010 годзе ён скараціўся да 1,44 у 2011 і да 1,24 — у 2022 годзе. У першыя паўгады 2023 году статыстыка ўказвала

[63] Гл. табліцу за 2022 год у *Populations et Sociétés*, 603.
[64] *National Géographie*, 28 avril 2023.

Канфлікт дзьвюх легетымнасьцяў

65 *Populations et Sociétés*, 603; Statista, 2022.

на 1,22. Насельніцтва Італіі скарацілася з 60,8 мільёнаў жыхароў у 2015 годзе да 59 мільёнаў у 2022 годзе. І калі зьніжэньне працягнецца, у 2050 годзе насельніцтва краіны складзе толькі 52 мільёны [65].

Сытуацыя ў Італіі яшчэ далёкая ад таго, што назіраецца ў Паўднёвай Карэі. У гэтых краінах — хоць культурна і вельмі розных, — вобраз жанчыны атаесамляецца з маці ў папулярным уяўленьні. У Паўднёвай Карэі, як і ў Італіі, ясьляў не існавала да 2000-х гадоў, і сёньня іх вельмі бракуе. Да ўсяго, захоўваецца думка, што жанчына, якая „кідае" сваё дзіця ў дзіцячым садку, — дрэнная маці. У гэтых дзьвюх краінах жанчынам жывецца нялёгка. Так права на добраахвотнае перапыненьне цяжарнасьці па-ранейшаму выклікае гарачыя дыскусіі ў Карэі, і ўсё больш абмяжоўваецца ў Італіі. Толькі ў 2020 годзе Канстытуцыйны суд Паднёвай Карэі прызнаў забарону на аборты супярэчнай канстытуцыі. Ён прапанаваў ураду ўнесьці адпаведныя зьмены ў заканадаўства да 31 сьнежня 2020 году. Але пасьля заканчэньня тэрміну ратыфікацыі аборты ў Карэі апынуліся ў юрыдычным вакууме. Традыцыі, рэлігія і мужчынскія інтарэсы заўсёды супрацьстаяць высілкам дэмакратаў і рэфарматараў.

Мальта — адзіная краіна ў Эўразьвязе, якая катэгарычна забараняе аборты. У гэтай каталіцкай краіне з асабліва кансэрватыўнай традыцыяй жанчыне за аборт пагражае зьняволеньне ад

18 месяцаў да трох гадоў, а лекару — да чатырох [66].

У Італіі права на аборт існуе з 1978 году. У 1984 годзе было зроблена 230 тысячаў абортаў — самая высокая колькасьць у гісторыі гэтай краіны. У 2020 годзе іх было толькі 66,5 тысячаў. Аборт паранейшаму застаецца легальным, але ўсё менш даступным. Уплыў каталіцтва (папа Францішак прыраўноўваў аборт да забойства), ціск з боку правых і — асабліва — адмова большасьці гінэколягаў рабіць аборт з этычна-рэлігійных меркаваньняў (67% італійскіх лекараў спасылаюцца на этычна-рэлігійныя перакананьні, у Паўднёвай Італіі — больш за 80%) ператвараюць перарываньне цяжарнасьці ў поле бою.

На Ўсходзе, як і на Захадзе, гэтыя парушэньні правоў жанчынаў ніякім чынам ня стрымліваюць вынарадаўленьня. Магчыма, яны яго нават заахвочваюць.

[66] З 28 чэрвеня 2023 году закон дазваляе аборт толькі ў адным выпадку — калі жыцьцю маці пагражае небясьпека і плод нежыцьцяздольны.

Найгоршы выбар

Тое, што эканамістаў і палітыкаў непакоіць дыстанцыяваньне жанчынаў ад мацярынства, ускосна падмацоўваецца заканамернымі страхамі, якія сёньня дамінуюць у сьвеце: экалягічная дэградацыя плянэты, палітычная перабудова сьвету і пагроза Трэцяй сусьветнай вайны. Што павінны зрабіць заходнія палітычныя лідэры, каб спыніць вынарадаўленьне? Пытаньне надзённае, бо мы бачым, як у некаторых дэмакратыях узмацняецца ўлада крайніх правых — і тых, што зьяўляюцца выразьнікамі рэлігійных патрабаваньняў, і тых, што не сілкуюцца рэлігіяй. Сплаў палітыкі і рэлігіі ніколі не спрыяе эмансыпацыі жанчынаў. Хто мог падумаць, што такая моцная дэмакратыя, як Злучаныя Штаты, скасуе права на аборт па ўсёй краіне[67]? Абарона гэтага права, набытага паўстагодзьдзя таму і ануляванага ў ЗША адным росчыркам пяра, павінна трымаць нас усіх у баявой гатоўнасьці.

Калі аўтарытарныя ўрады захочуць прымусіць жанчынаў, ад якіх, зрэшты, усё залежыць толькі ў апошнюю чаргу, заплаціць за спад нараджальнасьці ліквідацыяй або абмежаваньнем права на спарон, яны ня толькі адвернуць ад сябе значную частку жанчынаў, але й не дасягнуць мэты. Прыклады Паўднёвай Карэі і Італіі — добрыя таму сьведчаньні. Аднак будзе памылкай ня ставіцца сур'ёзна да сьцьвярджэньняў аб неабходнасьці вярнуць кантроль над жаночым целам з-за паскоранага зьніжэньня нараджальнасьці.

[67] 24 чэрвеня 2022 году Вярхоўны суд адмяніў фэдэральнае рашэньне Роў супраць Уэйда, якое з 1973 году гарантавала добраахвотнае перапыненьне цяжарнасьці для ўсіх жанчынаў і пакідала кожнаму штату права самастойна рэгуляваць выкананьне дадзенага пытаньня. Чатырнаццаць зь іх, у значнай ступені пад уплывам хрысьціянаў-пратэстантаў, забаранілі аборты.

Заканчэньне

ЗАПАВОЛЕНЬНЕ НАСТУПСТВАЎ ЗЬНІЖЭНЬНЯ НАРАДЖАЛЬНАСЬЦІ І ПАВАГА ПРАВОЎ ЖАНЧЫНАЎ

68 Па зьвестках Арганізацыі эканамічнага супрацоўніцтва і разьвіцьця, у 2017 годзе 19,2 мільёнаў чалавек (23,5 % насельніцтва) паходзілі з іміграцыі (імігранты самі або дзеці імігрантаў), у тым ліку 9,8 мільёнаў немцаў (12 %) і 9,4 мільёнаў іншаземцаў (11,5 %).

Рашэньне праблемы нараджальнасьці, якое найчасьцей згадваецца на Захадзе — гэта выкарыстаньне іміграцыі зь бедных краінаў з больш высокім узроўнем нараджальнасьці. Яму аддае перавагу сьвет бізнэсу, у прыватнасьці — кампаніі, якім ужо цяпер не хапае працоўных рук.

З пачатку XXI стагодзьдзя Нямеччына знайшла ў імігрантах цудадзейны паратунак для кампэнсацыі ўсё больш нізкай нараджальнасьці. Нямецкай *mutter*, як і італійскай *mamma*, у якіх бачылася асноўная функцыя жанчыны, было цяжка спалучаць працу з сваім галоўным заняткам — мацярынствам. Дзякуючы вялікай колькасьці імігрантаў узровень нараджальнасьці ў Нямеччыне з 2018 па 2021 гады павялічыўся на больш як 13 %, што забясьпечыла эканоміку краіны значнай колькасьцю працоўных[68].

Пад уплывам беднасьці, войнаў і рэгіянальных канфліктаў расьце ціск іміграцыі на заможныя дэмакратычныя краіны і выклікае сур'ёзныя праблемы з асіміляцыяй і інтэграцыяй. Часам носьбіты адрозных культураў і супрацьлеглых каштоўнасьцяў — грамадзтва, якое прымае мігрантаў, і людзі, якія прыяжджаюць, — утвараюць адасобленыя, а калі-нікалі і несумяшчальныя, супольнасьці.

Падчас грамадзянскай вайны ў Сырыі Заходняя Эўропа, у тым ліку паўночнаэўрапейскія краіны, шырока адчыніла свае дзьверы ўцекачам[69]. Моцныя сваёй сацыял-дэмакратычнай традыцыяй скандынавы гасьцінна сустрэлі новапрыбылых і іхныя сем'і. Празь некалькі гадоў найперш адданыя захаваньню і павазе да сваёй культуры Данія і Швэцыя выйшлі з гульні і энэргічна спынілі нелегальную іміграцыю.

Сёньня ўся Эўропа імкнецца абмежаваць іміграцыю. У Францыі, дзе мелі месца ісламісцкія акты тэрору, большасьць насельніцтва патрабуе спыніць нелегальныя патокі мігрантаў. Гэта значыць, што момант адкрыць межы быў выбраны няўдала. Нават такія краіны з камунітарысцкай традыцыяй, як Вялікабрытанія і ЗША, імкнуцца закрыць свае межы нелегальным імігрантам.

У адрозьненьне ад жыхароў Захаду, вельмі прывязаныя да сваёй культуры і традыцыі азіяты неахвотна адкрываюць свае краіны імігрантам. Яны разьлічваюць на робатаў і штучны інтэлект, каб запоўніць брак працоўных рук і мазгоў.

[69] З 2011 году па сёньняшні дзень.

Якой бы ні была цяперашняя міграцыйная палітыка, дэмаграфічнае пытаньне краіны ня можа абапірацца толькі на імігрантаў.

* * *

Калі сёньня гавораць аб прычынах зьніжэньня нараджальнасьці, то спачатку ўзгадваюць працяглы час, які кабеты аддаюць на адукацыю, адтэрміноўку першага нараджэньня, эканамічныя цяжкасьці і жыльлёвыя праблемы, але рэдка згадваецца незавершаная фэміністцкая рэвалюцыя. Але мы пабачылі тут, да якой ступені мацярынства, як мы яго разумеем сёньня, абцяжарвае жанчынаў, аддае прыярытэт мужчынам, іхнай кар'еры, заробку і свабодзе. Факт відавочны, але высновы зь яго дасюль ня зробленыя. Безумоўна, большасьць індустрыялізаваных краінаў зразумелі — некаторыя, як Італія і Паўднёвая Карэя, зусім нядаўна, — што неабходна матэрыяльна падтрымліваць маці коштам дапамогі на дзяцей і ствараць ясьлі, каб маці маглі працаваць. Але і гэтага недастаткова.

Жанчыны ў XXI стагодзьдзі сталі іншымі. Яны моўчкі заклікаюць да раўнапраўя палоў у сям'і і да адказнасьці бацькоў-мужчынаў. Безумоўна, было б несправядліва ігнараваць тое, што сярод маладых бацькоў ёсьць і тыя, хто ўжо зьмяніў свае стаўленьне да дзяцей і падзелу сямейнай працы. Аднак статыстыка ўсё адно ня цешыць. Сёньня рэдка які мужчына — на падабенства маці — бачыць сябе перадусім адказным за дзяцей і гаспадарку. А таму палітыка заахвочваньня нараджальнасьці павінна адрасавацца не жанчынам, а ў першую чаргу — мужчынам. Гэта ня толькі спрыяла б роўнасьці палоў, але і магчымасьці канкрэтызаваць колькасьць дзяцей, якіх пара плянуе нарадзіць. Нарэшце, гэта прымірыла б неадымныя правы жанчынаў зь інтарэсамі грамадзтва.

ДАДАТКІ

1. Паказьнікі нараджальнасьці, сьмяротнасьці і натуральнага прыросту насельніцтва Францыі (на тысячу жыхароў).
2. Паказьнікі нараджальнасьці і сьмяротнасьці (на тысячу жыхароў) у Эўропе.
3. Паказьнікі груднога выкормліваньня з 2010 году.
4. Эканамічна актыўнае насельніцтва і занятасьць.
5. Разрыў у сярэднім заробку і працоўным часе паміж мужчынамі і жанчынамі ў прыватным сэктары (2021).
6. Час, выдаткаваны на дзіцё ў залежнасьці ад полу.

Дадаткі

Дадатак 1

Паказьнікі нараджальнасьці, сьмяротнасьці і натуральнага прыросту насельніцтва Францыі
(на тысячу жыхароў)

Год	Нараджаль-насьць	Сьмярот-насьць	Натуральны прырост
2010	12,8	8,6	+4,2
2011	12,5	8,5	+4
2012	12,4	8,8	+3,6
2013	12,2	8,7	+3,5
2014	12,2	8,5	+3,7
2015	11,8	9	+2,8
2016	11,5	9	+2,5
2017	11,3	9,2	+2,1
2018	11,1	9,2	+1,9
2019	11	9,2	+1,8
2020*	10,7	10	+0,7
2021*	10,7	9,8	+0,9
2022*	10,4	9,9	+0,5

Мець менш або зусім ня мець дзяцей — гэта жаночы адказ патрыярхату ў прагрэсіўных краінах, дзе існуе права на аборты і кантрацэпцыю.

* Папярэднія вынікі на канец 2022 году.

Крыніца: Insee, дэмаграфічная справаздача.

Дадатак 2

Паказьнікі нараджальнасьці і сьмяротнасьці (на тысячу жыхароў) у Эўропе

Краіны	Узровень нараджальнасьці (2021)	Узровень сьмяротнасьці (2021)
27 краінаў Эўразьвязу (2020 год)	**9,1***	**11,9***
Аўстрыя	9,6	10,3
Баўгарыя	8,6	21,7
Бэльгія	10,2	9,7
Вугоршчына	9,7	16,1
Гішпанія	7,1	9,5
Грэцыя	8,1	13,6
Данія	10,8	9,8
Ірляндыя	12,0	6,8
Італія	6,8	11,9
Кіпр	11,4	8,0
Латвія	9,2	18,4
Летува	8,3	17,0
Люксэмбург	10,5	7,0
Мальта	8,5	8,0
Нідэрлянды	10,2	9,8
Нямеччына	9,6	12,3
Партугалія	7,7*	12,0*
Польшча	8,8*	13,8*
Румынія	10,1	17,5
Славаччына	10,4	13,5
Славенія	9,0	11,0
Фінляндыя	9,0	10,4

Францыя	11,0 *	9,8 *
Харватыя	9,2	15,9
Чэхія	10,6	13,3
Швэцыя	11,0	8,8
Эстонія	10,0	14,0

Іншыя краіны Эўропы		
Альбанія	9,7	10,9
Беларусь	9,3	16,5
Босьнія і Герцагавіна	8,4	15,7
Вялікабрытанія	*10,7 **	*9,0 **
Ісьляндыя	*13,1*	*6,3*
Косава	*15,5 **	*8,1 **
Ліхтэнштэйн	*9,6*	*6,9*
Македонія	9,5	14,6
Малдова	11,7 *	15,5 *
Нарвэгія	*10,4*	*7,8*
Расея	9,6	17,0
Сэрбія	9,1	20,0
Украіна	6,6	17,3
Чарнагорыя	11,4	14,8
Швайцарыя	10,3	8,2

У Эўразьвязе з дваццаці сямі толькі восем краінаў маюць станоўчы натуральны прырост (курсівам у табліцы вышэй), а за межамі Эўразьвязу — шэсьць краінаў зь пятнаццаці.

* Папярэднія зьвесткі.

Крыніца: Ined, Natalité, mortalité, mortalité infantile.

Дадатак 3

Паказьнікі груднога выкормліваньня з 2010 году

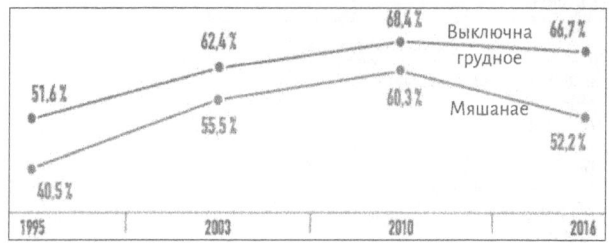

У мэтрапольнай Францыі выключнае груднoе выкормліваньне рэзка скарацілася, у той час як рост назіраўся ў 1995 і 2010 гадах у выніку актыўнай палітыкі на карысьць груднoга выкормліваньня. У 2016 годзе ў заморскіх дэпартамэнтах і тэрыторыях Францыі 83,3 % жанчынаў кармілі грудзьмі.

Крыніца: Нацыянальныя пэрынатальныя дасьледаваньні (DREES-Inserm).

Дадатак 4

Эканамічна актыўнае насельніцтва і занятасьць

	Каэфіцыент занятасьці		Доля жанчынаў у эканамічна актыўным насельніцтве	Узровень занятасьці	
	Жанчыны	Мужчыны		Жанчыны	Мужчыны
Узрост					
15-24	33,1	38,2	45,9	26,5	30,4
25-49	82,5	91,9	48,6	76,3	85,1
50 і больш	64,4	69,9	49,2	60,9	66,0
Адукацыя					
Вышэйшая за бакаляўрыят	85,2	89,5	53,6	80,8	84,7
Бакаляўрыят ці эквівалент	64,2	72,5	49,0	58,0	
Без адукацыі ці ніжэйшая за бакаляўрыят	52,7	65,1	42,1	46,8	58,3
Іміграцыйны статус					
Імігранты	58,3	79,2	45,1	50,0	69,5
Нашчадкі імігрантаў	62,2	68,9	48,5	54,8	60,3
Карэнныя жыхары	69,8	74,7	49,0	65,0	69,4
Разам	**67,6**	**74,5**	**48,5**	**62,2**	**68,5**

У 2020 годзе ў Францыі (за выключэньнем Маёты) узровень эканамічнай актыўнасьці жанчынаў ва ўзросьце ад 15 да 64 гадоў склаў 67,6 % у параўнаньні з 74,5 % — мужчынаў. Паводле зьвестак Міжнароднага бюро працы (МБП) жанчыны складаюць 48,5 % эканамічна актыўнага насельніцтва.

Крыніца:
Insee, Emploi 2020.

Дадатак 5

Разрыў у сярэднім заробку і працоўным часе паміж мужчынамі і жанчынамі ў прыватным сэктары (2021)

	Чысты месячны заробак (у эўра)			Аб'ём працы		
	Жанчыны	Мужчыны	Разрыў (у %)	Жанчыны	Мужчыны	Разрыў (у %)
Сацыяпрафэсійныя катэгорыі						
Кіроўныя кадры *	3 861	4 604	16,1	0,80	0,84	4,7
Кадры сярэдняга зьвяна	2 299	2 618	12,2	0,71	0,79	10,9
Службоўцы	1 773	1 861	4,7	0,58	0,58	-0,5
Працоўныя	1 638	1 912	14,3	0,54	0,70	23,3
Узрост						
Да 25	1 594	1 671	4,6	0,34	0,42	20,2
25–39	2 160	2 368	8,8	0,67	0,75	11,0
40–49	2 473	2 899	14,7	0,73	0,81	9,5
50–59	2 473	3 115	20,6	0,73	0,82	10,5
60 і больш	2 668	3 680	27,5	0,56	0,61	9,0
Сэктар дзейнасьці						
Прамысловасьць	2 510	2 883	12,9	0,79	0,87	9,4
Будаўніцтва	2 289	2 266	-1,0	0,77	0,80	3,7
Гандаль	2 102	2 548	17,5	0,65	0,76	14,9
Сфэра паслугаў	2 306	2 760	16,4	0,61	0,65	6,8
Сфэра паслугаў для бізнэсу	2 394	2 677	10,6	0,57	0,61	6,0
Сфэра паслугаў для прыватных асобаў	1 851	2 145	13,7	0,45	0,47	4,2

	Чысты месячны заробак (у эўра)			Аб'ём працы		
	Жанчыны	Мужчыны	Разрыў (у %)	Жанчыны	Мужчыны	Разрыў (у %)
Зьмешаныя паслугі	3 038	4 041	24,8	0,79	0,82	3,5
Транспарт	2 287	2 344	2,4	0,78	0,81	3,4
Разам	**2 292**	**2 689**	**14,8**	**0,64**	**0,72**	**12,2**

Як відаць у табліцы, у 2021 годзе жанчыны ў прыватным сэктары зараблялі ў сярэднім на 14,8 % менш, чым мужчыны ў эквіваленце поўнай занятасьці. На аднолькавай пасадзе розьніца ў заробку паміж жанчынамі і мужчынамі складае 4,3 %.

* У тым ліку наёмныя кіраўнікі прадпрыемстваў.

Крыніца: Insee, base Tous salariés 2021.

Дадатак 6

Час, выдаткаваны на дзіцё, паводле полу

Маці выдаткоўваюць у сярэднім 69 хвілінаў у дзень на догляд свайго адзінага дзіцяці, калі гэта дзяўчынка, і 56 хвілінаў, калі гэта хлопчык.

Крыніца: Insee, enquête
Emploi du temps, 2010.

Падзяка

Я ўдзячная за вельмі каштоўную дапамогу сваёй выдаўцы Сафі Бэрлен і мадам Дамінік Дыге, бібліятэкарцы і архівістцы Гуманітэкі кампусу Кандарсэ.

Пасьляслоўе перакладніка

Пасьляслоўе перакладніка

АПОШНЯЯ АСЬВЕТНІЦА

У 2025 годзе францускай фэміністцкай філёзафцы, гісторыцы і адной з натхніцелек лявіцы Элізабэт Бадэнтэр споўніўся восемдзесят адзін год. Яна зьяўляецца адной з апошніх пасьлядоўніцаў ідэяў Сымоны дэ Бавуар, у прыватнасьці пастулятаў унівэрсалісцкага фэмінізму, які сама Э. Бадэнтэр рэзюмуе так [70]:

> „У мужчынаў і жанчынаў значна больш агульнага, чым адрознага, таму варта працаваць у кірунку таго, што нас яднае, а не разьядноўвае".

Апошнія дзесяцігодзьдзі ейнае імя часта гучыць у СМІ падчас спрэчак паміж рознымі пакаленьнямі і плынямі фэмінізму. Прадстаўніца ўнівэрсалізму-бавуарызму Э. Бадэнтэр упарта крытыкуе дыфэрэнцыялісцкі фэмінізм, які, на ейную думку, зацыкліваецца на адрознасьцях, тым самым усяляк аддаляючы кампраміс і салідарнасьць між паламі. І адначасова яе крытыкуюць за тое, што яна — багатая, прывілеяваная белая жанчына, фэміністка, якая ня ведае праблемаў большасьці простых кабетаў. Адвечны канфлікт, у якім, няма цалкам віинаватых, як і тых, хто цалкам маюць рацыю. Прыгадаем тут Сымону дэ Бавуар — ёй таксама адрасавалі падобную крытыку. Тым ня менш, менавіта

[70] Elisabeth Badinter, *Voyons ce qui nous unit avant ce qui nous distingue*. Le Monde, 16 кастрычніка 2013.

яна — прывілеяваная і заможная — зрабіла сваім эсэ „Другі пол" вялізны прарыў у фэмінізьме.

Нядаўна імя Э. Бадэнтэр зноў гучала ва ўсіх СМІ зь вельмі сумнай нагоды — сьмерці ейнага мужа Рабэра Бадэнтэра (1928–2024), былога міністра юстыцыі і ключавой постаці францускага сацыялізму. За прэзыдэнцтвам Франсуа Мітэрана ў самым пачатку 1980-х гадоў ён скасаваў сьмяротнае пакараньне ў Францыі і дэкрыміналізаваў гомасэксуальнасьць. На падабенства Бавуар і Сартра, на працягу дзесяцігодзьдзяў Элізабэт і Рабэр Бадэнтэр былі ўзорнай інтэлектуальнай парай на левым флянгу мысьленьня.

Мацярынскі інстынкт

З тэмай мацярынскага інстынкту Элізабэт Бадэнтэр увайшла ў інтэлектуальны і літаратурны сьвет, калі ў 1980 годзе апублікавала сваю слынную і неадназначна прынятую кнігу „Любоў у дадатак", прысьвечаную мацярынству, мацярынскай любові і інстынкту, ці, дакладней, сумнеўнасьці ягонага існаваньня. У ёй Э. Бадэнтэр ставіць пад сумнеў ідэю, што мацярынская любоў — гэта нешта выключна натуральнае. Яна сьцьвярджае, што мацярынская любоў у значнай ступені — прадукт культурнага кантэксту, які ўдзельнічае ў яе фармаваньні. Дзякуючы гэтай тэзе Э. Бадэнтэр зрабіла сабе імя ў актывісцкіх фэміністцкіх колах і нажыла ворагаў сярод гісторыкаў, якія крытыкавалі працу за не дастаткова дакладна прааналізаваны гістарычны матэрыял. Як бы там ні было, Э. Бадэнтэр працягнула лінію, распачатую Сымонай дэ Бавуар, якая радыкальна адмаўляла існаваньне мацярынскага інстынкту. На прыкладзе збольшага літаратурных тэкстаў XVI–XX стст. яна прадэманстравала, як адбылося пераканальне жанчыны ў тым, што повязь маці зь дзіцём зьяўляецца вынікам мацярынскага інстынкту. Паводле Э. Бадэнтэр, у XVII ст. мацярынская любоў „адсутнічала", а маці вагалася „паміж абыякавасьцю і непрыняцьцем дзіцяці".

Унівэрсалісцкі фэмінізм

Абапіраючыся на спадчыну Асьветніцтва, перадусім Нікаля Кандарсэ, і на фэміністцкую думку Сымоны дэ Бавуар, Э. Бадэнтэр лічыць, што рацыяналістычны гуманізм, акцэнт на падабенстве мужчынаў і жанчынаў гістарычна адказны за прагрэс у статусе жанчынаў, а ўсе думкі пра іхныя адрозьненьні патэнцыйна адказныя за дыскрымінацыю і няроўнасьць. Таму ў 2000 годзе яна выступіла супраць закону аб гендарным парытэце, прынятым французскім парлямэнтам. То бок, яна прынцыпова была супраць палітыкі пазытыўнай дыскрымінацыі: на ейную думку, кабетам ня трэба міласьць і літасьць мужчынаў, бо яны самі здатныя здабыць сабе свабоду і правы. Зрэшты, за дваццаць чатыры гады існаваньня закону, гендарная палітычная роўнасьць у Францыі так і не дасягнутая, то бок закон аб парытэце, як і сьцьвярджае Э. Бадэнтэр, не працуе. Іншым прынцыповым момантам унівэрсалісцкага фэмінізму зьяўляецца важная адметнасьць: фэмінізм датычыць ня толькі жанчынаў, але і мужчынаў. На думку мысьляркі, гэтая рыса прынцыпова адрозьнівае француcкі і кантынэнтальны наагул фэмінізм ад паўночнаамэрыканскага і брытанскага фэмінізмаў, якія не ўключаюць у свае шэрагі мужчынаў. Вядома, прынцыповая ўнівэрсалісцкая пазыцыя Э. Бадэнтэр пастаянна сутыкаецца з пазыцыямі фэмінізму, які заахвочвае каштоўнасьці адрознасьці. Адсюль канфлікт: маладыя пакаленьні фэміністак і фэміністаў, часта натхнёныя амэрыканскай традыцыяй, не прымаюць ідэяў Э. Бадэнтэр, крытыкуюць і нават спрабуюць адмовіць ёй у праве называцца фэміністкай. Аднак усё гэта сьведчыць толькі на карысьць фэмінізму: ён разнастайны, розныя ейныя плыні і традыцыі дэмакратычна суіснуюць, а сутыкненьне паміж імі каштоўнае тым, што ў дэбатах паўстае кампраміс.

Дасьледніца маскуліннасьці

У межах унівэрсалісцкага фэмінізму пісьменьніца таксама шмат займаецца аналізам маскуліннасьці. Так, некаторыя дасьледаваньні яна прысьвяціла тэме эвалюцыі і крызісу маскуліннасьці. Ейная цэнтральная праца ў гэтым пытаньні — „XY. Пра мужчынскую тоеснасьць" (1992). У эсэ яна разглядае плыўнасьць мужчынскіх сэксуальных і сацыяльных паводзінаў на працягу эўрапейскай і амэрыканскай гісторыі. Мысьлярка ня проста так цікавіцца мужчынамі: мужчынская тоеснасьць — гэта зьява складаная, якую неабходна зразумець, каб спыніць такія ейныя праявы, як гвалтоўнасьць, агрэсіўнасьць, а таксама — зразумець мужчынскую гомасэксуальнасьць, прычыны меншай працягласьці жыцьця мужчынаў і інш. Пра жанчынаў напісана больш кнігаў, фэмінізм дасьледуе розныя аспэкты жаноцкасьці, тады як мужчыны часта застаюцца па-за ўвагай. Такім парадкам, унівэрсалісцкі фэмінізм дапамагае ня толькі жанчынам, але і мужчынам выбірацца з выбудаванага грамадзтвам лябірынту, і лепей зразумець сябе.

Натхнёная Асьветніцтвам

Э. Бадэнтэр зьяўляецца спэцыялісткай у гісторыі Асьветніцтва, яна скончыла Сарбону з дыплёмам філёзафкі.

З 1980 году яна апублікавала больш за дзесяць кнігаў, прысьвечаных філязофіі і гісторыі Асьветніцтва. Разам з мужам у 1988 годзе яна напісала кнігу „Кандарсэ. Інтэлектуал у палітыцы". Большую частку ўсіх сваіх працаў яна прысьвячае тэме фэмінізму — „жаночаму пытаньню" ці „жаночым амбіцыям", як часта казалі раней. Асаблівай увагі заслугоўваюць эсэ „Эмілі, Эмілі, Жаночыя амбіцыі ў XVIII стагодзьдзі" (1983), „Мадам д'ю Шатле, Мадам д'Эпінэ" (2006) і „Пармскі інфант" (2008). Вартыя і цікавыя таксама ейныя апошнія дзьве кнігі: „Жаночая ўлада, Марыя-Тэрэза Аўстрыйская 1717–1780 — Імпэратарка-каралева" (2016) і „Супярэчнасьці адной маці. Марыя-Тэрэза Аўстрыйская і ейныя дзеці" (2020), — натхнёныя Асьветніцтвам і ягоным уплывам на манархаў, у прыватнасьці — на імпэратарку Марыю-Тэрэзу Аўстрыйскую. Ейны інтарэс да Асьветніцтва паўстаў ня проста так: мысьлярка лічыць, што якраз у XVIII стагодзьдзі знаходзіцца асноўная крыніца будучай эмансыпацыі чалавека, асабліва жанчыны. У эсэ яна апісвае той час, калі кабеты арыстакратыі і буржуазіі мелі ўладу, займаліся навукай, пісалі трактаты, кнігі, уплывалі на думку мужчынаў, чые імёны засталіся ў гісторыі, а іх саміх, часам — не. Праз адданасьць Э. Бадэнтэр ідэям Асьветніцтва, якое, дарэчы, прапагавала каштоўнасьці ўнівэрсалізму, падобнасьці людзей і палоў, яе часта называюць „апошняй асьветніцай".

Жаўнерка Рэспублікі

Мянушку „жаўнеркі Рэспублікі" мыслярка атрымала ад Франсуа Мітэрана, які зьдзівіўся ейнай рэакцыі ў 1989 годзе на тое, што тры шкалярке ў мястэчку Крэй прыйшлі ў школу ў мусульманскіх хустках. Спачатку іх пазбавілі права наведваць школу ў хустках, але ўмяшаньне тагачаснага міністра адукацыі Ліянэля Жаспэна дазволіла дзяўчатам працягнуць навучаньне пры ўмове неафішаваньня сваёй рэлігійнасьці. Для Э. Бадэнтэр, якая хацела літаральнага прыманеньня закону, што забараняе выстаўляць напаказ рэлігійныя сымбалі ў публічнай школе, гэта была саступка і параза. Таму разам зь іншымі левымі інтэлектуаламі і інтэлектуалкамі яна апублікавала адкрыты ліст, які крытыкаваў міністра адукацыі, і маніфэст у падтрымку настаўнікаў і настаўніцаў „Настаўнікі, не капітулюйце!". Такім парадкам, з 1989 году Бадэнтэр разам з мужам ды аднадумцамі змагаецца за рэспубліканскую, нэўтральную да рэлігіі школу. Гэтыя высілкі завяршыліся перамогай у 2016 годзе, калі Францыя прыняла закон, які забараняе нашэньне паранджы і мусульманскай хусткі ў публічнай прасторы.

Абаронца сьвецкасьці

Філёзафка выступае за прынцыповую сьвецкасьць дзяржавы. Яна рашуча выступае супраць нашэньня ў мусульманскай хусткі, а тым больш паранджы, у публічнай прасторы — яны для яе зьяўляюцца сымбалем прыгнёту. Як і Сымона дэ Бавуар, яна крытыкуе канцэпцыю „ісламскага фэмінізму", якую апісвае як „супярэчлівасьць у тэрмінах" ці нават — недаравальны аксюмаран. З 2016 году яна заклікае байкатаваць заходнія брэнды, якія распрацоўваюць ісламскае адзеньне, у прыватнасьці, ісламскія купальныя касьцюмы. Агулам яна выступае супраць усіх манатэісцкіх ды іншых рэлігійных праяваў на публіцы, асабліва ў школе, унівэрсытэце і пад. Па словах абаронцы сьвецкасьці, фэміністычная барацьба ў Францыі ды Эўропе сяньня павінна засяроджвацца на імігрантах і насельніцтве Паўночнай Афрыкі, бо тэма прыгнёту жанчынаў не актуальная для карэннага францускага грамадзтва каталіцкай, габрэйскай ці сьвецкай традыцыяў, і ўсё яшчэ актуальная для мусульманскіх супольнасьцяў Францыі.

Мільянэрка

Э. Бадэнтэр таксама вядомая як вельмі ўдалая бізнэсоўка. Яна ўспадчыніла ад бацькі магутную мэдыягрупу Publicis. Ейнае багацьце ацэньваецца ў 922 мільёны эўра. Многіх дзівіць, чаму мільянэрка цікавіцца фэмінізмам і выступае за правы жанчынаў. Усьлед за Бавуар, яна адказвае так: „Хоць я зьведала хутчэй прывілеяванае жыцьцё, гэта не пазбаўляе мяне здольнасьці разумець вялікую праблему прыгнёту жанчынаў у сьвеце і права на сваім узроўні дапамагчы справе". У адрозьненьне ад пэсымізму Бавуар, якая лічыла, што багатыя кабеты хутчэй салідарныя са сваімі мужамі, а не іншымі жанчынамі, Бадэнтэр сьведчыць, што жаночая салідарнасьць не зьнікае і тады, калі ў справу ўключаецца капітал.

Новыя выклікі

З самага пачатку свайго публічнага жыцьця Э. Бадэнтэр выступала за шлюб для ўсіх, за дапаможныя рэпрадукцыйныя тэхналёгіі для лесьбіек і адзінокіх жанчынаў, і за легалізацыю сурагатнага мацярынства. Яна прытрымліваецца ўсё менш папулярнай сярод маладых прыхільнікаў фэмінізму пазыцыі наконт прастытуцыі: яна супраць забароны прастытуцыі, бо забароны не працуюць. Э. Бадэнтэр заклікае адрозьніваць прымусовую прастытуцыю ад той, якую многія кабеты выбіраюць самі, праявай якой зьяўляюцца асацыяцыі і прафсаюзы працаўніцаў сэксу ў Францыі, Нідэрляндах, Бэльгіі і пад. На думку мысьляркі, трэба змагацца з прымусовай прастытуцыяй і сэксуальна-матываваным гандлем жанчынаў, але не з добраахвотнай прастытуцыяй.

Э. Бадэнтэр застаецца адной з цэнтральных постацяў французскага і эўрапейскага фэмінізму наогул, „духоўнай дачкой" Сымоны дэ Бавуар, апошняй асьветніцай і ці не апошняй фэміністкай-унівэрсалісткай. З блізкага ёй унівэрсалізму вынікае важнае і дасюль актуальнае пасланьне „мужчына — ня вораг". Часта гэта ставіцца пад сумнеў і вельмі часта — слушна з улікам такой актуальнай праблемы, як хатні гвалт і сэксуальныя дамаганьні, удала выкрытай рухам #MeToo. Цалкам прызнаючы гэтыя праблемы і неабходнасьць іх тэрміновага вырашэньня, Э. Бадэнтэр заклікае тым ня менш не абагульняць і не рабіць амальгамы кшталту „ўсе мужчыны — агрэсары і дэспаты". Многія мужчыны застаюцца на баку жанчынаў, іхнімі вернымі хаўрусьнікамі і сябрамі. І наадварот: многія жанчыны праяўляюць жорсткасьць да сваіх дзяцей, падтрымліваюць, напрыклад, гвалт з боку дзяржавы, як мы назіралі гэта падчас пратэстаў 2020 году ў Беларусі.

Э. Бадэнтэр і Беларусь

Для нас Элізабэт Бадэнтэр не зусім новая фігура: у 1997 годзе „Наша Ніва" апублікавала ўрывак зь ейнай працы „XY. Пра мужчынскую тоеснасьць". Асобных кнігаў аўтаркі ў перакладзе на беларускую, апроч найноўшага эсэ „Панове, паднапружцеся!" (*Messieurs, encore un effort...*), дагэтуль не зьяўляласа. У ім гучаць тэмы, якія філёзафка ўздымала ў сваіх іншых творах: як сучаснай кабеце спалучыць мацярынства і прафэсійны росквіт, праблематычнасьць і складанасьць мацярынства, канфлікт паміж ролямі маці і жанчыны, безупынная рызыка вяртаньня кансэрватыўнага бумэрангу, які ставіць пад сумнеў фэміністыцкія заваёвы і інш.

Але ёсьць у эсэ і прынцыпова новая тэма і новыя акцэнты — тонкае і крытычнае фэміністыцкае тлумачэньне дэмаграфічнага запавольваньня, а дзе-нідзе — крызісу, у разьвітых індустрыяльных краінах. Дэмографы, сацыёлягі, палітыкі і эканамісты, якія спрабуюць разабрацца з гэтай зьявай, часта не прыслухоўваюцца да фэміністыцкіх аргумэнтаў. І дарма, на думку Э. Бадэнтэр, бо такім парадкам ігнаруецца ціхі і глыбокі бунт кабетаў, які праяўляецца ў адмове ад мацярынства — часовай або прынцыповай і канчатковай. Адмова ад мацярынства і позьняе мацярынства грунтуюцца на фундамэнтальнай, „няскончанай" рэвалюцыі, якая, як сьцьвярджае Бадэнтэр, аддзяліла статус жанчыны ад статусу маці. Кантроль за фэртыльнасьцю з дапамогай кантрацэпцыі і спаронаў, а таксама доступ да адукацыі і эканамічная незалежнасьць ня толькі дазволілі жанчынам здабыць радыкальную эмансыпацыю, а амаль дасягнуць роўнасьці ў грамадзкім жыцьці. На шляху да рэальнай роўнасьці, аднак, застаюцца прынцыповыя перашкоды. Дасюль трывае няроўнасьць палоў унутры сям'і. Яна ляжыць у аснове ўсіх іншых няроўнасьцяў і праяўляецца ў такой праблеме, як *мэнтальны цяжар*, якая закранае ці ня ўсіх сучасных кабетаў. Назва эсэ падказвае адно з рашэньняў: мужчыны мусяць паднапружыцца і зрабіць высілак, каб на роўных з сваімі жонкамі і партнэркамі ўдзельнічаць у хатняй гаспадарцы і выхаваньні дзяцей, а дзяржаве трэба адмовіцца ад састарэлых рэцэптаў вырашэньня сацыяльна-эканамічных праблемаў шляхам пазбаўленьня жанчынаў іхных правоў і свабодаў.

Гэтае эсэ актуальнае і для Беларусі, дзе, як і ва ўсёй Эўропе, крытычна зьніжаецца нараджальнасьць. Статыстычныя дадаткі да яго падказваюць, што сытуацыя ў Беларусі падобная да Латвіі, Харватыі і Вугоршчыны, але значна горшая ў параўнаньні зь сярэднім паказьнікам па Эўразьвязе: у 2021 годзе ўзровень нараджальнасьці ў ЭЗ складаў 9,1, а ў Беларусі — 9,3; а сярэдні ўзровень сьмяротнасьці быў 11,9 у ЭЗ і 16,5 — у Беларусі.

Пасьля 2020 году беларускія ўлады чатыры гады не публікавалі зьвестак аб нараджальнасьці і сьмяротнасьці. Толькі нядаўна Белстат падзяліўся інфармацыяй за 2024 год, якая не выглядае аптымістычнай: у 2024 годзе каэфіцыент фэртыльнасьці ў Беларусі склаў 1,08 дзіця на жанчыну. Каб адбывалася абнаўленьне насельніцтва, каэфіцыент павінен складаць 2,01.

У беларускім выпадку асабліва моцным чыньнікам у зьніжэньні фэртыльнасьці і нараджальнасьці зьяўляюцца палітычны гвалт і нестабільнасьць, і ўцёкі сотняў тысячаў беларусаў і беларусак за межы краіны. На гэта зьвяртаюць увагу незалежныя ад ураду дасьледнікі. А вось на што беларускія і праўладныя, і незалежныя эканамісты і дэмографы зусім не зьвяртаюць увагі, гэта — жаночы чыньнік, то бок, на прынцыповыя зьмены ў паводзінах кабетаў, якія вырашаюць не нараджаць зусім ці адтэрміноўваюць мацярынства на пазьней. Эсэ „Панове, паднапружцеся!" заахвочвае нас дадаць гендэрную прызму да бачаньня дэмаграфічных зьяваў і тэндэнцыяў, каб лепей зразумець значныя сацыяльныя праблемы грамадзтва.

Уладзіслаў Гарбацкі,
чэрвень 2025

Зьмест

ЗЬМЕСТ

Уступ	7
Разьдзел 1. Стан рэчаў	11
Разьдзел 2. Што кажа дэмаграфія	15
Разьдзел 3. Рэвалюцыя-пастка	23
Разьдзел 4. Канфлікт дзьвюх легітымнасьцяў	35
Заканчэньне. Запаволеньне наступстваў зьніжэньня нараджальнасьці і павага правоў жанчынаў	47
Дадаткі	51
Пасьляслоўе перакладніка. Апошняя асьветніца	65

Іншыя кнігі Skaryna Press

„Зьбіраўся скарб". Артыкулы ў гонар 50-годзьдзя Скарынаўскае бібліятэкі ў Лёндане.

„Новым імкненьням даць новыя формы". Вацлаў Ластоўскі і беларускія мовазнаўцы ў культурным дыскурсе 1920–30-х гг. Матэрыялы міжнароднай канфэрэнцыі да 140-годзьдзя Вацлава Ластоўскага (Лёндан, 10-11.11.2023 г.).

На „Старт" і ў „Тэмпе"! Ножны шпурляк на Аршаншчыне.
Арцём Сізінцаў

І даўней так пелі: музычны фальклор старавераў паўночна-заходняй Беларусі.
Вольга Барышнікава

Экспэдыцыя Вацлава Ластоўскага 1928 году: захаваная спадчына.
Вольга Лабачэўская

Мовазнаўчыя працы.
Вацлаў Ластоўскі

Фэмінізацыя беларускай мовы.
Уладзіслаў Гарбацкі

Гід па фэмінізацыі беларускае мовы.
Уладзіслаў Гарбацкі

Беларусь у XXI стагоддзі: паміж дыктатурай і дэмакратыяй.

Няскоранае пакаленне. Галасы беларускай моладзі 2020-га.

Набывайце ў добрых кнігарнях і на
skarynapress.com

www.ingramcontent.com/pod-product-compliance
Lightning Source LLC
Chambersburg PA
CBHW031210020426
42333CB00013B/868